El código penal
explicado para todos

Xavier Tayadella Prat

EL CÓDIGO PENAL EXPLICADO PARA TODOS

dve
PUBLISHING

© Editorial De Vecchi, S. A. 2018
© [2018] Confidential Concepts International Ltd., Ireland
Subsidiary company of Confidential Concepts Inc, USA
ISBN: 978-1-64461-101-2

Índice

ANEXO

Introducción

Escribir acerca de un tema tan importante como el Código penal de un modo asequible a un público profano es un desafío al que pocos especialistas pueden resistirse. Sin embargo, la tarea no es tan sencilla como pudiera parecer, ya que la exposición y el comentario de cada una de las categorías requieren una difícil mixtura de rigor y claridad.

Por ello, se ha abordado el tratamiento de las disposiciones generales y comunes a todos los delitos y faltas, es decir, aquellas instituciones y conceptos cuyo conocimiento es imprescindible para entender la problemática común a todos los ilícitos penales. De este modo, por ejemplo, los conceptos de autor y de partícipe son idénticos en todos los casos, se trate de un homicidio o de un delito de falsedad. Y lo mismo se puede decir de la diferencia entre un delito consumado y otro intentado, que valdrá para cualquier tipo de delito. Después, al tratar cada delito en particular, se verán las características propias de cada uno.

Además, se ha tratado con detalle cada una de las distintas figuras delictivas concretas y se han relacionado con los tipos de delitos más significativos para hacer comprensibles los aspectos más relevantes de las distintas figuras del derecho penal.

Finalmente, se tratan también otros aspectos complementarios y colaterales del derecho y la legislación penal a fin de ofrecer al lector una visión de conjunto y al propio tiempo lo más completa posible de toda la materia.

Esperamos que la obra sea de gran utilidad para todos los lectores.

LA LEGISLACIÓN PENAL

Disposiciones generales sobre los delitos y las faltas

Según dispone el artículo 10 del Código penal, «son delitos o faltas las acciones y omisiones dolosas o imprudentes penadas por la ley».

Aunque más adelante se comentará cada una de las expresiones que se engloban dentro de los conceptos de delito y de falta, debe tenerse en cuenta que para castigar una conducta delictiva, esta deberá estar prevista como tal en la legislación penal en el momento de su comisión (es decir, habrán de estar «penadas por la ley»).

Así, por ejemplo, en el Código penal vigente ha desaparecido la incriminación específica del delito de cheque en descubierto (si bien tiene su tratamiento como modalidad de estafa).

Por tanto, aunque una persona lleve a cabo una conducta dolosa (es decir, con plena conciencia de su comisión, según veremos más adelante) que merezca todo el reproche social que se quiera, si la misma no está prevista como delito en el Código penal o en el resto de leyes penales, su comisión no generará delito alguno y por lo tanto no podrá ser enjuiciada.

En primer lugar, se aprecia que, tanto los *delitos* como las *faltas* coinciden en que deben ser «acciones y omisiones dolosas o imprudentes penadas por la ley». La diferencia entre ellos radica en el tratamiento sancionatorio que se ofrece a cada uno (es decir, el castigo o pena que se impone); más riguroso para los delitos, más leve para las faltas.

```
┌─────────────────────────────────────────────────────────┐
│                    Delitos y faltas                     │
└─────────────────────────────────────────────────────────┘
        │                                    │
        ▼                                    ▼
┌─────────────────┐                  ┌─────────────────┐
│    Acciones     │                  │    Omisiones    │
└─────────────────┘                  └─────────────────┘
        │                                    │
   ┌────┴──────────────┐                     │
   ▼                   ▼                     ▼
┌──────────┐   ┌──────────────┐   ┌──────────────────┐
│ Dolosas  │   │  Culposas    │   │      Error       │
│o maliciosas│ │ o imprudentes│   │ o desconocimiento│
└──────────┘   └──────────────┘   │  (salvo el dolo) │
   │                   │          └──────────────────┘
   ▼                   ▼
┌─────────────────────────────┐
│      Penadas por la ley     │
└─────────────────────────────┘
   │                   │
   ▼                   ▼
┌──────────────────┐ ┌──────────────────┐
│Delito (pena grave)│ │ Falta (pena leve)│
└──────────────────┘ └──────────────────┘
```

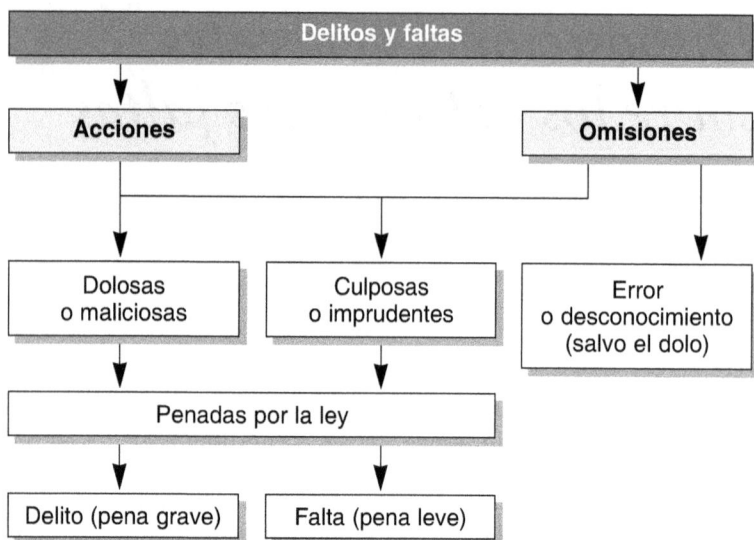

El artículo 13 del Código penal establece que son delitos las infracciones que la ley castiga con pena grave y faltas las castigadas con pena leve. Tomemos como muestra el hurto (por ejemplo, apoderarse de una maleta en una concurrida estación de tren aprovechando un descuido o distracción de su dueño). Si la cosa hurtada tiene un valor superior a cincuenta mil pesetas, la acción se considera delito y la ley lo castiga con pena de prisión de seis a dieciocho meses; por contra, si es inferior a cincuenta mil pesetas, se considera que es una falta y se castiga con arresto de dos a seis fines de semana o con una pequeña multa.

Aparte de la diferencia en cuanto a la intensidad del régimen sancionador de ambas figuras, seguramente la diferencia práctica más sustancial entre ellas es la referente al hecho de que una condena por delito representa para el reo la anotación de la misma en el Registro General de Penados y Rebeldes o, lo que es lo mismo, tener antecedentes penales, con los perjuicios de todo orden que ello puede llegar a representar en el caso de tener que acceder a de-

Delitos y faltas	
Consumados	Intentados (tentativas)
Pena prevista en el código penal	Pena inferior en 1 o 2 grados

terminados puestos de trabajo en el que se exija como requisito no tener antecedentes penales.

Por el contrario, las condenas por faltas no son susceptibles de anotación en el mencionado Registro, por lo que no producen el efecto pernicioso antes indicado.

Otra diferencia muy importante, y que viene recogida en el artículo 15 del Código penal, radica en el hecho de que los delitos se castigan, tanto si son consumados como si sólo se han intentado (es decir, las tentativas), mientras que la faltas sólo se castigan cuando han sido consumadas (excepto las faltas contra el patrimonio o las personas, que también se castigarán cuando lo sean en grado de tentativa).

Finalmente, cabe tener presente que los procedimientos judiciales a través de los cuales se enjuician los delitos y las faltas son sustancialmente distintos; mucho más completos los previstos para el enjuiciamiento de delitos (procedimiento abreviado y procedimiento sumario) que el de las faltas, que tiene una tramitación muy rápida y sencilla.

Por razones claras, y teniendo en cuenta la distinta gravedad de las penas que pudieran llegar a imponerse, los procedimientos previstos para el enjuiciamiento de los delitos tienen muchos más trámites para dotar al acusado de mayores garantías frente al proceso y darle una mayor oportunidad de defensa. Por contra, el procedimiento previsto para el enjuiciamiento de hechos constitutivos de faltas es muy breve y expeditivo, pues prácticamente sin instrucción se convoca a las partes a la celebración del juicio. De todo ello se tratará con mayor detenimiento en un apartado posterior de esta obra.

Gradación de los delitos

Delitos por omisión e imprudencia

Veíamos al inicio de este capítulo que ambos tipos de infracciones (delitos y faltas) tienen en común el ser «acciones y omisiones dolosas o imprudentes penadas por la ley».

Por tanto, todos los delitos se castigarán tanto en su modalidad activa *(acción)* como en la omisiva *(omisión)*. De este modo, pueden ser ejemplos de ambas modalidades el hecho de causar la muerte de una persona, que puede tener lugar de forma activa (asestándole un golpe mortal o un disparo con arma de fuego) o pasiva u omisiva (dejar que un recién nacido se muera de inanición). Y lo mismo vale para las faltas.

Por lo que respecta a la omisión, el artículo 11 del Código penal contiene la regulación novedosa de un supuesto muy particular de la misma, la llamada *comisión por omisión*, referida a aquellos supuestos en los que un resultado es causado por una omisión (no por una conducta activa), pero que se castiga como si se hubiera llevado a cabo por una acción.

Básicamente tenemos que referirnos a los supuestos en que concurre en una persona respecto de otra u otras la llamada *posición de garante*, en la que la persona, en función de las circunstancias concretas del caso, deviene responsable de otra u otras y se le impone el deber de garantizar la no-producción de un resultado lesivo respecto de las mismas.

Igualmente, se castigarán los delitos y faltas tanto en su modalidad *dolosa* (es decir, conociendo y queriendo la producción del resultado dañoso; maliciosamente) como *imprudente* (resultado producido como consecuencia de no observar la mínima diligencia y previsión exigibles; es decir, por no haber observado el cuidado necesario para evitar la producción de un resultado lesivo).

EJEMPLO

Dos excursionistas que salen a realizar ejercicios de escalada se encuentran el uno respecto del otro en posición de garante; si uno sufre un accidente y no es socorrido por el otro, que lo abandona aunque podría hacerlo sin poner en peligro su propia vida e integridad, este último será responsable del daño que sufra el primero y será castigado como si se lo hubiera causado mediante una conducta activa. Es decir, si fallece, será castigado como si le hubiera causado directamente la muerte.

Como ejemplos de ambas modalidades y retomado el de la causación de la muerte de una persona, esta puede producirse dolosamente (así, quien quiere matar a un enemigo y le dispara sobre una zona vital de su organismo con la voluntad clara de causarle la muerte y conociendo que ese disparo a bocajarro es idóneo para causar la muerte de una persona), o por imprudencia (tirar un objeto pesado desde un balcón sin apercibirse de que una persona transitaba por debajo, de manera que el objeto le impacte en la cabeza causándole una muerte que, por tanto, no era ni querida ni conocida, pero que se podría haber evitado de haber observado un mínimo de cuidado consistente en cerciorarse que no había nadie debajo en el momento de lanzar el objeto).

Delitos voluntarios

En cuanto a las conductas realizadas con dolo (conocimiento y voluntad de llevar a cabo la conducta punible), cabe tener presente que se castigarán tanto las cometidas con el llamado *dolo directo* (que puede ser de primer y de segundo grado) como el *dolo eventual*.

Aunque la consecuencia a efectos prácticos será la misma —el castigo previsto para la modalidad dolosa del delito—, a efectos teóricos hay una neta diferencia, ya que una acción ejecutada con dolo directo es aquella que el sujeto activo del delito lleva a cabo con plena intención (dolo directo de primer grado) y conocimiento (dolo directo de segundo grado) acerca de las consecuencias de sus actos.

EJEMPLO

Si una persona encañona a su víctima y le dispara en la cabeza causándole la muerte, se considera dolo directo de primer grado, ya que el autor quiere causar la muerte de una persona y lleva a cabo una acción tendente a lograr su objetivo directo. En el caso de que una persona incendie una fábrica para cobrar el seguro sabiendo que en su interior hay trabajadores que con absoluta seguridad resultarán con lesiones graves a consecuencia del incendio, se considerará dolo directo de segundo grado, pues su intención inmediata no es la de lesionar a esos trabajadores, si bien es una consecuencia directa e inevitable del incendio que va a provocar y es consciente de ello.

Por su parte, el dolo eventual se aprecia en aquellos casos en los que el resultado lesivo únicamente se le aparece al autor como posible (no *seguro* como el caso del dolo directo de segundo grado), a pesar de lo cual decide llevar a cabo su acción y asumir las *posibles* consecuencias lesivas que se puedan derivar de la misma.

EJEMPLO

Una persona, para cobrar el seguro, incendia un edificio donde a veces pernoctan vagabundos y causa la muerte de uno de ellos. La finalidad aquí es también la de ocasionar la destrucción de un edificio mediante un incendio. En la medida en que acepta la posibilidad de que cause daños o la muerte a personas que eventualmente se refugien en él, su acción se considera como dolo eventual.

Por su parte, en relación con la *imprudencia*, la novedad significativa que incorpora el Código penal promulgado en 1995 al respecto va referida al hecho de que las acciones y omisiones imprudentes sólo se castigarán cuando expresamente lo disponga la ley (artículo 12 del Código penal). Es decir, sólo si en el precepto que describe un determinado delito se prevé expresamente la posibilidad de que el mismo se pueda producir de forma imprudente, podrá castigarse.

Así, por ejemplo, el delito de daños se castiga tanto si se comete por dolo como si se comete por imprudencia grave (en este último caso por cuantía superior a diez millones de pesetas, 66.101 euros). Si el referido delito no hiciera mención expresa del castigo de su modalidad de comisión imprudente, esta sería impune; es decir, no se podría castigar por la realización de unos daños cometidos de forma imprudente.

Por ello, no serán punibles aquellos resultados dañosos que tengan lugar como consecuencia de caso fortuito, es decir que se hayan producido sin mediar dolo ni imprudencia por parte del sujeto activo de la infracción penal. Por ejemplo, si un rayo rompe la valla del recinto que custodia un perro muy fiero, permitiendo que este se escape y cause daño a terceros. No se podrá imputar el resultado lesivo causado por el perro a su dueño al no poderse atribuir al mismo ni a título de dolo (no quería que el perro causara lesiones a nadie) ni de imprudencia (no era previsible que sucediera lo acaecido con el rayo) el hecho de que el perro se escapara y mordiera a otras personas.

El error

Tampoco merecerán sanción penal aquellas conductas constitutivas de delito o falta que sean cometidas en situación de *error* (es decir, en caso de desconocimiento por parte del autor de alguno de los elementos configuradores del delito o de la prohibición de la conducta ejecutada), siempre que el mismo sea invencible. El artículo 14 del Código penal prescribe diversos supuestos de error.

ERROR SOBRE UN HECHO CONSTITUTIVO
DE LA INFRACCIÓN PENAL

También se denomina *error de tipo*. La persona que comete el delito puede desconocer en el momento de su comisión alguno o todos los elementos que configuran el delito concreto cometido.

Esta situación puede darse en casos como el siguiente: un cazador dispara contra una persona situada detrás de un matorral creyendo que se trata de un animal y le da muerte. El cazador ha incurrido en un error de tipo al desconocer uno de los elementos básicos del delito de homicidio (artículo 138 del Código penal: «el que matare a otro será castigado como reo de homicidio»), como es el hecho de matar a *otro*, pues él cree que está dando muerte a un animal y no a una persona.

Dicho error puede revestir dos modalidades con consecuencias distintas en cada caso:

a) Invencible. El error en el que incurra el sujeto activo del delito será invencible cuando no hubiera podido evitarse ni aun observándose la máxima diligencia. En el caso de que se apreciase en la conducta del sujeto un error de tipo invencible, este quedará exento de responsabilidad criminal y será absuelto.

b) Vencible. Por contra, el error en el que incurra la conducta del sujeto se calificará de vencible cuando hubiera podido evitarse de observarse una mínima diligencia por parte del autor. En dicho caso, la conducta se castigará como si hubiese sido cometida por imprudencia, es decir, más levemente, por cuanto la sanción prevista para los delitos cometidos por imprudencia siempre es más leve que la prevista para los cometidos dolosamente.

De todas formas, debe tenerse en cuenta lo expuesto anteriormente en relación con el artículo 12 del Código penal. La conducta cometida en situación de error vencible únicamente podrá castigarse en el supuesto de que el delito concreto cometido en dicha situación tenga prevista una modalidad de comisión imprudente. De no ser así, el mismo quedará impune.

EJEMPLO

Una persona rompe un objeto valorado en 60.000 ptas. (360,61 euros) creyendo erróneamente que su dueño quería desprenderse del mismo y lo tira a la basura (después se da cuenta de que no era así y de que el dueño del objeto dañado lo quería conservar); si se llega a la convicción de que el error se habría evitado de haber tenido el autor de los daños una mínima diligencia en cerciorarse de que el dueño del objeto destruido quería efectivamente desprenderse del mismo, lo calificaríamos de error vencible. En este caso, según hemos expuesto, se aplicaría al autor el castigo previsto para la modalidad imprudente del ilícito cometido. Pero como no está contemplada la modalidad imprudente del delito de daños por cuantía inferior a diez millones de pesetas, la conducta enjuiciada quedaría impune.

ERROR SOBRE LA ILICITUD DEL HECHO

También se denomina *error de prohibición*. Se apreciará la concurrencia de esta modalidad de error cuando el sujeto actúe desconociendo el carácter ilícito del hecho cometido (o lo que es lo mismo: que desconozca el significado antijurídico de su conducta), lo cual no significa que se desconozca la norma o precepto concreto que contenga la descripción de un tipo delictivo, sino que el sujeto no reconozca como delictiva la conducta desarrollada.

EJEMPLO

Supongamos que un alto funcionario público cree erróneamente que puede disponer de fondos públicos para la adquisición de su vestuario particular, cuando en realidad está cometiendo un delito de malversación de caudales públicos. En este caso el sujeto activo del delito no cree que su conducta sea constitutiva de delito, es decir no aprecia la antijuridicidad de la misma.

Al igual que con los supuestos de error de tipo, el error de prohibición también puede revestir dos modalidades:

a) *Invencible:* quedará excluida la responsabilidad criminal del sujeto.

b) *Vencible:* se castigará con la pena inferior en uno o dos grados a la señalada para el delito cometido.

Finalmente, en este segundo apartado de generalidades, conviene dejar clara la diferencia entre un delito o falta *consumado*, en el que se obtiene el resultado propuesto, y otro *intentado*, en el que no se consigue el resultado propuesto a pesar de haberse practicado todos o parte de los actos que objetivamente deberían conducir a la producción del resultado (artículo 16 del Código penal). La distinción no siempre se presenta de manera fácil, pero es muy importante poderla diferenciar bien por cuanto la penalidad atribuida al delito consumado es muy superior a la prevista para el delito en tentativa.

En relación con la tentativa, conviene resaltar la previsión legal relativa a la exención de responsabilidad criminal en aquellos supuestos en los que, una vez iniciada la ejecución del hecho delictivo, el sujeto activo del mismo desiste y evita voluntariamente su consumación (artículo 16.2 del Código penal).

Circunstancias eximentes de la responsabilidad criminal

Los artículos 19 y 20 del Código penal se refieren a un conjunto de causas que, de concurrir en el sujeto activo del delito, lo eximirán de responsabilidad criminal por el hecho delictivo cometido. Es decir, una persona comete un delito pero bajo unas circunstancias que desaconsejan o desautorizan la imposición de una pena que, por ello, no se impone.

En primer lugar, se contempla la minoría de edad como circunstancia eximente (artículo 19 del Código penal). En consecuencia, cualquier hecho delictivo cometido por un menor de dieciocho años quedará exento de castigo conforme a las disposiciones del Código penal. Sin embargo, hay que tener en cuenta el castigo que pueda corresponderle conforme a lo dispuesto en la Ley Penal Juvenil (LO 5/2000, de 12 de enero, publicada en el BOE del 13 de enero de 2000), que contempla un catálogo de castigos para hechos delictivos cometidos por menores de edad. Esta ley entrará en vigor el 13 de enero de 2001.

El fundamento de dicha exención radica en la consideración de que un menor de edad todavía no dispone de un desarrollo y madurez suficientes para considerarle totalmente responsable de sus actos y hacer que responda por ellos.

El artículo 20 del Código penal, por su parte, contiene la descripción del resto de supuestos que dan lugar a una exención de responsabilidad criminal.

Sin embargo, debe tenerse en cuenta que para eximir completamente de responsabilidad penal al autor de un posible delito debe darse la totalidad de presupuestos de cada una de las causas eximentes.

En el caso de que ello no fuere así y se dieren únicamente algunos de los presupuestos, se podrá apreciar lo que se denomina una *eximente incompleta* que producirá (artículo 68 del Código penal) el efecto de rebajar la pena a imponer en uno o dos grados en función del número y entidad de los requisitos que falten o concurran y de las circunstancias personales del autor.

Veamos los rasgos más característicos de cada una de las causas eximentes.

Alteraciones psíquicas

El estar afecto de una alteración psíquica en el momento de cometer el delito puede considerarse una eximente siempre y cuando dicha alteración impida al sujeto comprender la ilicitud del hecho cometido o actuar conforme a esa comprensión. Se incluirían en este supuesto, por ejemplo, casos de esquizofrenia u oligofrenia.

Para decidir la imputabilidad o inimputabilidad del sujeto habrá que recurrir a exámenes médicos. El trastorno mental transitorio puede ser un eximente. Tal es el caso de la persona que bajo los efectos de un fuerte *shock* comete un delito que en condiciones normales nunca hubiera cometido.

Intoxicación plena

Otro posible eximente puede ser el estado de intoxicación plena por consumo de drogas o alcohol, o la circunstancia de hallarse bajo los efectos de un síndrome de abstinencia, siempre y cuando dicha situación no haya sido buscada de propósito (esto es, la llamada *actio libera in causa*). Tal sería el caso de una persona que se embriaga expresamente antes de cometer un atraco para que al ser enjuiciado se le pueda aplicar esta eximente. En tal circunstancia, no se apreciará la exención de responsabilidad criminal y el sujeto responderá plenamente por el delito cometido.

Alteraciones de la percepción

Pueden aducirse como eximente siempre que estas alteraciones se sufran desde el nacimiento o la infancia. Se incluyen supuestos, por ejemplo de psicopatías o el caso de los denominados *ludópatas* (personas que cometen delitos para conseguir dinero con el que poder jugar).

Legítima defensa

Se considerará que la persona ha actuado en legítima defensa siempre que concurran los siguientes requisitos:

— que se produzca una agresión ilegítima previa;

— que exista una necesidad racional del medio empleado para impedir o repeler la agresión (es decir, que el medio con el que se
responde a la agresión inicial sufrida sea proporcional a la
misma, ya que no sería proporcional responder a una bofetada
con un disparo de pistola);
— que se dé una falta de provocación suficiente por parte del defensor (es decir, que el agresor no haya actuado, a su vez, como
respuesta a una provocación previa de la que después deberá
defenderse).

Únicamente cuando concurran todos los requisitos expuestos
podrá apreciarse, en quien concurra, una exención de responsabilidad criminal por actuar en legítima defensa.

En el caso de que únicamente concurra alguno o algunos de
esos requisitos podrá, en su caso, apreciarse una eximente incompleta o una atenuante según expondremos más adelante al tratar de
las circunstancias atenuantes.

Estado de necesidad

Se considera que se ha actuado en situación de estado de necesidad cuando las partes (o bienes o intereses jurídicos en conflicto)
se encuentran en un plano de igualdad —a diferencia de la legítima defensa, en la que las partes enfrentadas se encontraban en
planos distintos (un agresor y un defensor)—. En tal caso deberá
procederse a una ponderación de los intereses y valores en juego
a fin de decidir cuál tiene prevalencia y le está permitido lesionar
al otro.

Para apreciar esta eximente se exige igualmente la concurrencia
de tres requisitos:

a) Que el mal causado no sea mayor que el que se trata de
evitar. Tal es el caso de un labrador que abate un oso a tiros ante
la inminencia y seguridad de sufrir un ataque por parte del
mismo (el mal causado: muerte de un animal sería inferior al evi-

---

EJEMPLO

En el caso de que los bomberos, al apagar un incendio en una fábrica, dañasen parte de las instalaciones, no se les considerará autores de un delito de daños, ya que concurriría la eximente de estado de necesidad, pues el daño causado era necesario para lograr un objetivo superior: apagar el incendio para evitar daños de mayor gravedad sobre bienes o personas.

---

tado: lesiones o muerte de una persona). Nótese que puede ser de igual entidad. Así, en el supuesto de encontrarse dos náufragos aferrados a un trozo de madera que no resiste el peso de ambos, la muerte de uno por el otro a fin de salvar la propia vida en esas circunstancias cumpliría con este presupuesto del estado de necesidad, al tratarse de dos bienes de la misma entidad (vida humana).

b) Que la situación de necesidad no haya sido provocada intencionadamente por el sujeto (por ejemplo, causar el naufragio en el caso anterior a fin de poder luego tratar de escudar la muerte del otro en un estado de necesidad).

c) Que el necesitado no tenga, por su oficio o cargo, obligación de sacrificarse. En el ejemplo propuesto, el capitán del barco tendría que ceder la preferencia en el derecho de salvamento, en caso de naufragio, a los pasajeros.

Miedo insuperable

También se considera una circunstancia eximente el hecho de actuar en situación de miedo insuperable. En esta categoría quedan comprendidos aquellos actos delictivos ejecutados al encontrarse la persona dominada por una situación de pánico que altere su capacidad de decisión, entendiendo que esa circunstancia afectaría por igual a cualquier persona en la misma situación en la que se encuentre el autor.

En la jurisprudencia de los tribunales se encuentran supuestos de apreciación de esta circunstancia eximente en los casos en los que una persona es obligada a cometer un delito (generalmente de tráfico de drogas) bajo la amenaza de que si no lo hace se les causará un daño a los miembros de su familia.

Cumplimiento del deber

Un sujeto puede quedar eximido de un delito si actuare obrando en el cumplimiento de un deber y en el ejercicio legítimo de un derecho, oficio o cargo.

EJEMPLO

Un policía que, en el ejercicio de sus funciones, detiene a una persona que acaba de cometer un delito, no estará cometiendo el delito de detención ilegal. En los casos en los que la policía, no obstante, se extralimite en el ejercicio de sus funciones, su conducta no quedará amparada por esta eximente y deberá responder penalmente. Así, por ejemplo, en el caso en que un policía dispara contra un delincuente que había tratado de sustraer un vehículo y era evidente que no portaba ninguna arma de fuego.

Circunstancias que atenúan la responsabilidad criminal

En el artículo 21 del Código penal se contiene la descripción de aquellas circunstancias cuya concurrencia en el sujeto activo de un delito se entiende que, si bien no tienen la suficiente entidad para justificar la exención de responsabilidad criminal, sí que deben dar lugar a una atenuación o minoración de la sanción que debe imponerse. Son las siguientes:

Circunstancias eximentes de la responsabilidad criminal

▼

Minoría de edad penal (18 años, a partir de enero de 2001)
Sufrir alteraciones psíquicas al cometer el delito
Intoxicación plena por alcohol o drogas en el momento de cometer el delito
Sufrir las alteraciones de la percepción
Legítima defensa
Estado de necesidad
Miedo insuperable
Cumplimiento del deber o ejercicio del derecho o cargo

a) Las causas expresadas en el capítulo anterior (eximentes), cuando no concurrieren todos los requisitos necesarios para eximir de responsabilidad en sus respectivos casos.

Son las llamadas eximentes incompletas, cuya regulación se halla en los artículos 68 y 104 del Código penal, que determinan en qué medida deberá ser rebajada la pena a imponer.

Así, por ejemplo, tal y como habíamos apuntado al tratar de la legítima defensa, un supuesto en el que, por apreciarse un exceso en la defensa (repeler con un navajazo un puñetazo previo del agresor), no permitiera apreciar la exención de responsabilidad por legítima defensa al faltar uno de sus requisitos (proporcionalidad del medio empleado), se podría tratar como una eximente incompleta y darle el tratamiento penológico (rebaja) previsto para la misma, con la correspondiente reducción del castigo a imponer en los términos que han sido expuestos anteriormente.

b) La de actuar el culpable a consecuencia de su grave adicción a las sustancias (drogas y alcohol) mencionadas en el artículo 20.

Esta circunstancia atenuante será de aplicación en aquellos casos en los que la persona que cometa el delito actúe a causa de esa grave adicción, sin hallarse no obstante ni en estado de intoxicación plena ni bajo los efectos del síndrome de abstinencia (que darían lugar a la exención completa de responsabilidad criminal). Es una circunstancia de aplicación habitual en los delitos cometidos por drogodependientes (básicamente delitos contra la propiedad).

c) La de actuar en situación de arrebato, obcecación u otro estado pasional de entidad semejante. Se incluirían, por ejemplo, supuestos en los que una persona comete un delito impulsado y dominado por un sentimiento de celos.

d) La de haber procedido el culpable, antes de conocer que el procedimiento judicial se dirige contra él, a confesar la infracción a las autoridades. Esta causa de atenuación provoca que muchos abogados defensores aconsejen en determinados casos (sobre todo cuando es muy claro que se va a producir la localización y detención del delincuente, y las pruebas contra el mismo son evidentes) a sus clientes que se entreguen a la policía a fin de poder invocar más tarde, en el momento del juicio, esta causa de atenuación de la responsabilidad penal y lograr una rebaja en la pena que, finalmente, se les imponga.

e) Haber procedido el culpable a reparar el daño ocasionado a la víctima o a disminuir sus efectos, en cualquier momento del procedimiento y antes de la celebración del juicio (por ejemplo, pintar de nuevo una pared sobre la que se hubieran realizado grafitos).

d) Cualquier otra circunstancia de análoga significación que las anteriores.

Las circunstancias agravantes

En el artículo 22 del Código penal se contiene el catálogo de circunstancias cuya concurrencia en el hecho o en el delincuente va a representar una agravación (aumento) de la pena a imponer:

— ejecutar el hecho con alevosía: se aprecia cuando en la comisión del delito el culpable utiliza medios de ejecución que tienden a asegurarla sin riesgo para el mismo (por ejemplo, atacar por la espalda a una persona o golpear a un recién nacido);
— ejecutar el hecho mediante disfraz, abuso de superioridad o aprovechando las circunstancias de lugar, tiempo o auxilio de otras personas que debilitan la defensa del ofendido o faciliten la impunidad del delincuente (por ejemplo, utilizar documentación bancaria falsa para engañar a la víctima y cometer una estafa);
— ejecutar el hecho mediante un precio, una recompensa o bien una promesa (por ejemplo, pagar a un sicario para que asesine a un empresario de la competencia); se aplica tanto al que da las órdenes y el dinero como a quien ejecuta el hecho y recibe el pago;
— cometer el delito por motivos discriminatorios, sean de raza, clase social, religión, etc.;
— aumentar el sufrimiento de la víctima;
— obrar con abuso de confianza;
— prevalerse del carácter público que tenga el culpable (por ejemplo, una persona se aprovecha de la información privilegiada y secreta que conoce en función de ostentar un determinado cargo público y la utiliza para la comisión de un delito);
— reincidencia si previamente se ha cometido otro delito de la misma naturaleza; por ejemplo, al culpable de un robo se le apreciará esta circunstancia y, por tanto, se le aumentará la pena, si ya ha sido condenado con anterioridad por la comisión de algún otro robo, siempre que estos antecedentes (según el transcurso de los plazos que establece el artículo 136 del Código penal) no se hayan cancelado.

Así, por ejemplo, para los delitos de robo, los antecedentes deberán cancelarse en el plazo de tres años a contar desde el día en que la pena impuesta fue cumplida: si se impuso una pena de tres años en el año 1990, los antecedentes se cancelarán en el año 1996 (es decir, transcurridos tres años desde que se cumplió toda la condena impuesta); si esa persona comete un delito en el año 1998 no se le podrá apreciar la agravante de reincidencia por

Circunstancias atenuantes de la responsabilidad criminal
Eximentes incompletas
Grave adicción al alcohol y las drogas
Arrebato u obcecación
Confesión
Reparación del daño
Analógicas

Circunstancias agravantes
Alevosía
Disfraz
Abuso de superioridad
Precio o recompensa
Motivos racistas
Aumentar el sufrimiento de la víctima
Abuso de confianza
Prevalerse del carácter público
Reincidencia

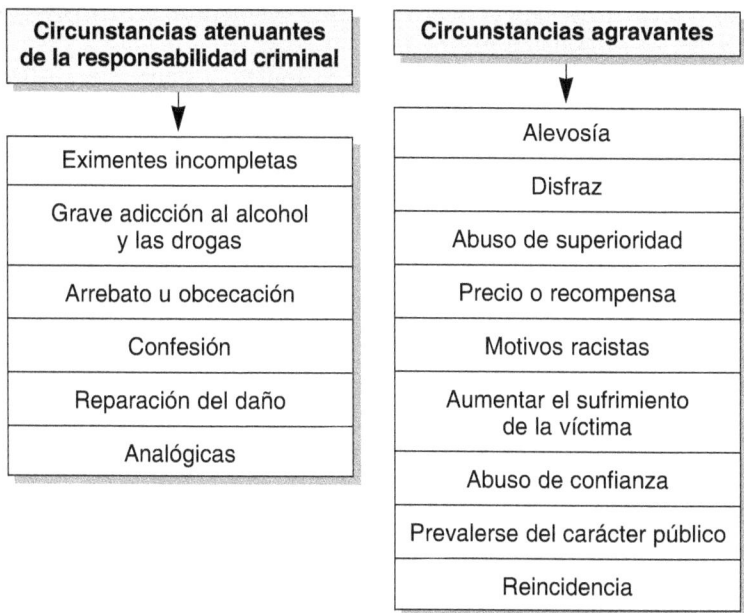

cuanto sus antecedentes penales deben reputarse cancelados y, por lo tanto, no computables a efectos de apreciar la agravante de reincidencia.

Finalmente, cabe hacer mención de la circunstancia de parentesco que, en función de los casos en los que concurra, tendrá el efecto de agravar o atenuar la pena, razón por la cual se denomina *circunstancia mixta de parentesco*.

Autoría y participación en los delitos

El artículo 27 del Código penal establece que son responsables criminalmente de los delitos y las faltas los autores y los cómplices. Es decir, sólo quienes tengan legalmente la condición de autor y cómplice podrán ser castigados por la comisión de un delito. Veamos, pues, ambos conceptos para saber quiénes podrán ser castigados por la comisión de un delito.

Por autor de un delito se entiende aquella persona que realiza el hecho por sí sola (autor en sentido estricto), conjuntamente (coautores) o por medio del otro del que se sirven de instrumento (autoría mediata). Por tanto, existen tres tipos de autor:

— el autor en sentido estricto, que comete el hecho delictivo por sí solo (una persona que dispara sobre otra y le causa la muerte);
— el coautor, sea cual fuere su grado de participación en una acción delictiva que haya realizado conjuntamente;
— el autor mediato, si bien esta figura es la que se presta a una mayor confusión.

EJEMPLO

Una persona remite a su víctima una carta-bomba que será entregada por un cartero que desconoce la existencia del explosivo. Aquí, quien remite la carta es una persona que no tiene ninguna participación material en la acción inmediata del asesinato (la entrega de la carta que produce la muerte de su destinatario). No obstante, será castigado en tanto que autor mediato de la misma, dejando impune, evidentemente, la conducta del cartero (quien entrega la carta que produce la muerte) por desconocer dicha circunstancia.

También se castiga con la pena prevista para los autores, a pesar de no serlo en sentido estricto, a los inductores de un delito (quienes inducen a otro a cometerlo) y a los llamados *cooperadores necesarios* del mismo (quienes realizan un acto de colaboración que podríamos considerar esencial para la producción del delito como, por ejemplo, sujetar a la víctima inmovilizándola mientras otro la golpea).

En un plano inferior a los autores, se sitúan los cómplices, es decir aquellas personas que han tenido una participación que, en contraposición a la que concurría en los cooperadores necesarios que calificábamos de esencial, podríamos considerar accesoria o secundaria, mediante la realización de actos anteriores o simultáneos al hecho delictivo. Por ejemplo, la persona que facilita un piso de seguridad a un comando de ETA que se dispone a perpetrar un atentado.

La diferencia entre autores y cómplices se traduce en el tratamiento sancionatorio de ambos; más leve para los cómplices.

En cuanto a la responsabilidad penal de las personas jurídicas (sociedades), recaerá sobre los administradores de hecho o de derecho o sobre quienes actúen como representantes de la misma, siempre y cuando se compruebe que hayan llevado a cabo el delito.

EJEMPLO

Una sociedad que se dedica a la construcción de viviendas tiene como administrador social inscrito en el registro mercantil a la esposa de uno de los socios a efectos puramente formales y por razones de tipo fiscal, y a que su marido, que no ostenta cargo social alguno, es quien la dirige en realidad.

Si esa sociedad comete una estafa al vender pisos que después no edifica, no se va a procesar a la referida administradora social sino a quien directa y efectivamente sea el verdadero responsable de las acciones delictivas cometidas, en este caso, su marido.

Las penas y su cumplimiento

Gradación de las penas

Se establecen los siguientes grados:

— penas privativas de libertad;
— penas privativas de derechos;
— penas de multa;
— penas accesorias.

Autoría	
Personas físicas	Personas jurídicas

En sentido estricto	Asimilados	Administradores y representantes que hayan llevado a cabo el delito

Autor	Cooperador necesario
Coautor	
Autor mediato	Inductor

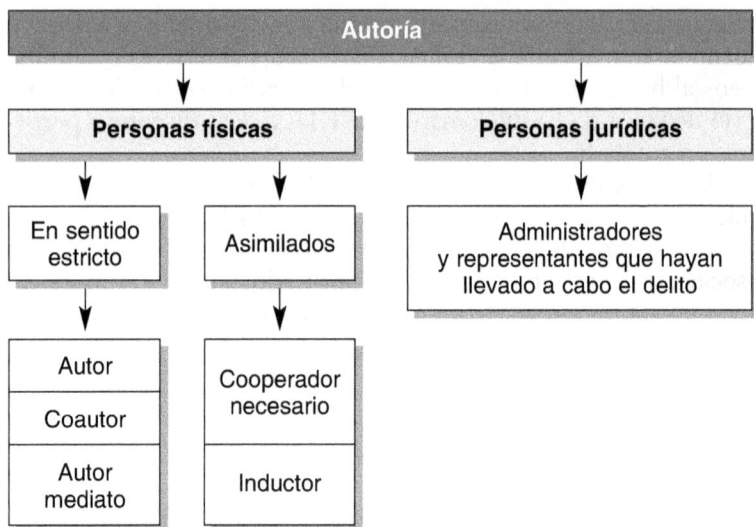

PENAS PRIVATIVAS DE LIBERTAD

Se distinguen tres modalidades que se aplicarán en virtud de la gravedad de cada caso. Son las siguientes:

— prisión;
— arresto de fin de semana;
— responsabilidad personal subsidiaria por impago de multa.

Su sentencia por parte del magistrado dependerá de lo reglamentado por el Código penal y de las circunstancias de cada caso

Penas de prisión

Tienen una duración mínima de seis meses y una máxima de veinte años (en casos excepcionales, según el artículo 76 del Código penal, pueden ser de hasta treinta).

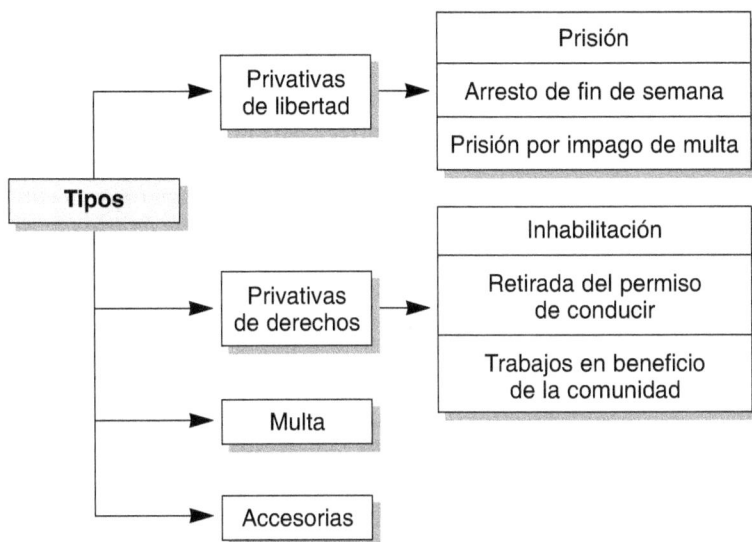

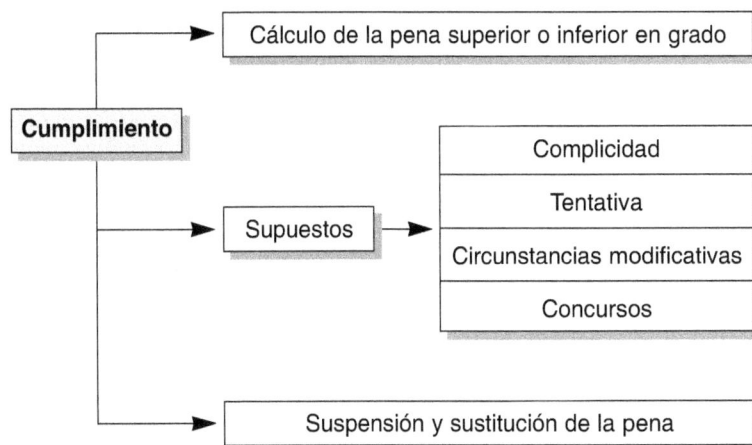

¿Por qué entonces se llegan a imponer penas de prisión de, por ejemplo, cien años, si sólo se cumplen efectivamente veinte?

El Código penal dispone, en los casos en los que se impongan varias condenas a una misma persona, que todas las penas impuestas deberán cumplirse simultáneamente.

Así, por ejemplo, supongamos que una persona es enjuiciada por haber atracado un banco y haber dado muerte a los dos vigilantes de seguridad que lo custodiaban y a dos clientes de la sucursal que intentaban huir. Pongamos que se impusiera al reo una condena de seis años por el atraco al banco y cuatro condenas de quince años cada una por el asesinato de los vigilantes de seguridad y los dos clientes; en total, pues, sesenta y seis años de prisión que, en principio, debería cumplir simultánea e íntegramente.

No obstante, en el artículo 76 del Código penal se dispone que, en estos casos en que se imponga a una persona varias penas por distintos hechos delictivos, el máximo de pena que tendrá que cumplir viene dado por el triple de la más alta que se le haya impuesto, con un límite máximo de veinte años, declarando extinguidas las que excedan de ese máximo.

En el ejemplo, la pena de máxima duración impuesta es la de quince años por asesinato, por lo que el máximo de cumplimiento efectivo que tendría que hacer frente es el triple de la misma, es decir, cuarenta y cinco años (por tanto, ya no los sesenta y seis años que salía de la suma aritmética de las distintas penas impuestas), pero como que el límite máximo es el de veinte años, esa será la pena que efectivamente deberá cumplir el reo, declarándose extinguidas el resto (veinticinco años).

La razón de la existencia de dicho límite máximo de veinte años estriba en el hecho de que se tiende, en primer lugar, a *humanizar* las penas. De este modo, progresivamente se ha pasado de los castigos corporales y la pena de muerte a la privación de libertad, con un protagonismo cada vez mayor hoy en día de los castigos consistentes en la privación de derechos.

En segundo lugar, porque una pena superior impediría, según se tiene comprobado, el objetivo de reinserción social que se persigue, según la Constitución, a través de las penas; y, finalmente, porque una pena mayor significaría prácticamente la existencia de una especie de *cadena perpetua* proscrita en nuestro sistema de ejecución penal, por su falta de humanidad (si a una persona de veintiún años de edad se le impusiera —y tuviera que cumplir— una pena de cuarenta y cinco años de privación de libertad, saldría de prisión a los sesenta y seis años de edad, con lo que se habría pasado privado de libertad casi toda su vida).

Penas de arresto de fin de semana

Podrán imponerse como máximo veinticuatro fines de semana. Las condiciones de su ejecución vienen contempladas en el Real Decreto 690/96 de 26 de abril, y se refieren básicamente al lugar de cumplimiento (depósito municipal de detenidos o, en su defecto, en el centro penitenciario más próximo al domicilio del arrestado) y a los derechos del arrestado (entre los cuales se encuentran el de disponer de radio y televisión).

Responsabilidad personal subsidiaria por impago de multa

Si a un condenado se le impone como pena el pago de una multa y no la satisface, deberá cumplir un día de privación de libertad por cada dos cuotas no satisfechas (con un límite máximo de un año).

PENAS PRIVATIVAS DE DERECHOS

Las más relevantes son la inhabilitación para el ejercicio de un empleo o cargo público, oficio o profesión; la retirada del carné de conducir y la realización de trabajos en beneficio de la comunidad (ésta última es, acaso, la novedad más significativa introducida al respecto por el Código penal de 1995).

En muchas ocasiones, su imposición va aparejada a una pena de privación de libertad o de multa. Por ejemplo, en los delitos de conducción bajo la influencia de bebidas alcohólicas se impone una pena de multa y la retirada del carné de conducir.

Una de las penas privativas de derechos con más proyección es la de trabajos en beneficio de la comunidad cuyas condiciones de ejecución aparecen en el Real Decreto 690/96 de 26 de abril.

La pena de multa

El Código penal de 1995 también contiene una regulación novedosa de este sistema de sanciones. La primera, y más llamativa, la constituye el sistema de cálculo de la misma, que ahora tiene lugar por el sistema llamado de *días-multa*. Con el anterior Código penal, la cuantía de la multa a imponer venía especificada en cifras concretas. Por ejemplo, la comisión de un delito de conducción bajo los efectos de bebidas alcohólicas venía castigado con una pena de multa de 100.000 (601,02 euros) a 1.000.000 de pesetas (6.010,12 euros). Ahora, en cambio, a esa misma infracción se la castiga con una multa de tres a ocho meses.

¿Cómo se traduce esa expresión en una cifra concreta? Pues a través de una simple operación de multiplicación del total de días-multa impuestos por la cuantía que se establezca, que podrá oscilar (según el artículo 50 del Código penal) entre un mínimo de 200 pesetas (1,2 euros) y un máximo de 50.000 pesetas (300,51 euros).

EJEMPLO

Un juez impone al autor de una infracción contra la seguridad del tráfico por conducir bajo la influencia de bebidas alcohólicas una multa de cinco meses de multa a razón (y esto también debe especificarlo el juzgador) de 2.000 pesetas (12,02 euros) diarias.

Para obtener el importe total de la multa impuesta deberemos, en primer lugar, obtener el total de días impuestos:

5 meses x 30 días = 150 días.

A continuación, deberemos multiplicar el total de días impuestos por la cuantía concreta fijada en la sentencia; así, deberemos multiplicar:

150 días x 2.000 pesetas = 300.000 pesetas (1.803,04 euros)

La cantidad resultante (en este caso, 300.000 pesetas) será el total de multa a que ha sido condenado el autor del delito.

Conviene tener presente que el juez deberá fijar en la sentencia la concreta cuantía diaria de multa impuesta (recordemos que esta podrá oscilar entre las 200 y las 50.000 pesetas diarias), justificando por qué ha establecido esa cantidad y no otra (sobre todo teniendo en cuenta la gran distancia que existe entre el mínimo y el máximo). Si no se acreditan ingresos del condenado, la sanción deberá ser la mínima (200 pesetas diarias, equivalentes a 1,2 euros).

El juez podrá igualmente acordar un fraccionamiento en el pago de la multa impuesta.

Si el condenado no satisficiere la multa impuesta, deberá cumplir un día de privación de libertad por cada dos cuotas diarias no satisfechas. Es la llamada responsabilidad personal subsidiaria, que evita que, por no disponer de medios económicos para afrontar el pago de una multa, el castigo impuesto devenga ineficaz (todo el mundo se insolventaría para evitar el pago de la multa impuesta como condena y burlar, de esta manera, la condena impuesta). Así, en el ejemplo anterior, si el condenado al pago de una multa de 150 días (cinco meses a 2.000 pesetas diarias = 300.000 pesetas) no la pudiere satisfacer, debería cumplir 75 días de privación de libertad.

LAS PENAS ACCESORIAS

Como su propio nombre indica, su imposición va aparejada a una pena principal y, según los casos, serán unas u otras.

Así, cuando se imponga a una persona una pena de prisión de hasta diez años, se le impondrá, además, como pena accesoria, alguna de las siguientes:

— suspensión de empleo o cargo público;
— pérdida del derecho al voto durante la condena;

— inhabilitación especial para empleo o cargo público, profesión, oficio, industria o comercio.

En consecuencia si se impusiera a un gestor administrativo una condena de cuatro años de prisión por haber cometido un delito de estafa, se le impondrá, además, como accesoria, la inhabilitación especial para el ejercicio de su profesión durante esos cuatro años.

Destaca en este apartado el hecho de que, en determinados delitos —como por ejemplo los malos tratos familiares—, puede imponerse al condenado, además de la correspondiente pena de privación de libertad, la prohibición de que vuelva al lugar en el que haya cometido un delito por un plazo que no será nunca superior a cinco años.

Imposición y cumplimiento de penas

La pena que señala el Código penal a cada uno de los delitos que contiene (por ejemplo, homicidio: «El que matare a otro será castigado con la pena de prisión de diez a quince años») va referida a los *autores* de una infracción *consumada*.

Por tanto, cabe examinar a continuación cuáles van a ser las penas a imponer en los casos en los que al sujeto activo del delito se le considere *partícipe* (y, por lo tanto, no tenga la consideración legal de *autor*) o que no haya llegado a consumar el delito (supuestos en los que la infracción penal quede en grado de *tentativa*) o que concurran *circunstancias modificativas de la responsabilidad penal* (atenuantes o agravantes) o que cometa varios delitos a la vez (supuestos de los llamados *concursos de delitos*).

Ya que la concurrencia de algunos de los supuestos indicados (complicidad, tentativa, concurrencia de atenuantes o agravantes, concursos delictivos) dará lugar, en su caso, a la imposición de una pena superior o inferior a la señalada por el código para la infracción consumada cometida por un autor, veamos cómo debe procederse a rebajar o aumentar la pena.

Rebajar una pena

Para rebajar una pena, habrá que tener en cuenta el límite inferior de la misma.

En el caso de que deba rebajarse un grado, el límite inferior de la pena se dividirá por la mitad. La cifra resultante pasará a constituir el nuevo límite inferior y lo que antes era el límite inferior será el superior.

EJEMPLO

El delito de homicidio tiene señalada una pena de diez a quince años de prisión. Para calcular la pena inferior en un grado, se dividirá por la mitad el límite inferior. Así, la pena inferior en grado a la señalada para el delito de homicidio será la que va de los cinco a los diez años de prisión.

Para rebajar dos grados la pena, se aplica la misma regla. Así, una vez obtenida la pena inferior en grado, se divide el límite mínimo por la mitad, siendo la cifra resultante el nuevo límite inferior. En el ejemplo propuesto: la pena inferior en dos grados a la señalada para el delito de homicidio será la que va de los dos años y medio a los cinco años de prisión.

Aumentar una pena

Para aumentar la pena deberá procederse de igual modo; sin embargo, en lugar de dividir por la mitad, se deberá partir de la cifra máxima señalada por el código para el delito que se trate y aumentar a esta la mitad de su cuantía, constituyendo la cifra resultante el nuevo límite máximo.

Así, partiendo del ejemplo del delito de homicidio, si se aumentase la pena un grado, esta sería de los quince años a los veintidós años y medio (hemos sumado a 15 su mitad, es decir, 7,5).

Si se aumentase a dos grados, irá de los veintidós años y medio (270 meses) a los treinta y tres años y nueve meses (405 meses).

Visto lo anterior, procedamos a examinar cuáles van a ser las penas a imponer a los supuestos enunciados:

— cómplices (partícipes) de un delito consumado o intentado: se les impondrá la pena inferior en grado a la fijada para los autores (en el ejemplo anterior: al cómplice de un delito de homicidio se le podrá imponer una pena que oscile entre los cinco y los diez años de prisión);
— autores de un delito en tentativa: se les impondrá la pena inferior en uno o dos grados; es decir, en el ejemplo utilizado, la pena puede llegar a ser de dos años y medio según hemos visto al examinar las reglas para rebajar la pena en dos grados;
— si concurren agravantes: se impondrá la pena en la mitad superior a la establecida por el código (es decir, en un homicidio en el que concurra la agravante de disfraz, podrá imponerse una pena que vaya de los doce años y medio a los quince años);
— si concurre una sola atenuante, se impondrá la pena en su mitad inferior (en un homicidio con atenuante de drogadicción, se impondría una pena que iría de los diez a los doce años y medio);
— si concurren varias atenuantes se podrá rebajar la pena hasta dos grados.

En los supuestos de concursos de delitos debemos distinguir entre el delito continuado, el concurso real y el concurso ideal.

El delito continuado se da cuando una persona realiza una pluralidad de infracciones penales de igual o semejante naturaleza (por ejemplo, varios robos) aprovechando idéntica ocasión o bien ejecutando un plan preconcebido y se castiga siempre con la imposición de la pena señalada para la infracción más grave en su mitad superior.

El concurso real se da cuando una pluralidad de hechos de un mismo sujeto constituye una pluralidad de delitos y no se dan los presupuestos necesarios para constituir un delito continuado. Por ejemplo, cuando un sujeto comete un robo con violencia y unas lesiones.

EJEMPLO

Una persona comete en un solo día cuatro robos con fuerza (por ejemplo, robos en fábricas fuera del horario de apertura y sin que haya nadie en su interior). A dicho sujeto se le considerará autor de un delito continuado de robo con fuerza y se le impondrá la pena de uno solo de esos delitos en su mitad superior, en lugar de castigarle por los cuatro delitos de robo.

En estos casos se impondrán las penas correspondientes a todas las infracciones cometidas que deberán cumplirse simultáneamente. No obstante, el límite máximo de cumplimiento en nuestro sistema de penas es de veinte años de prisión.

El concurso ideal de delitos se aprecia cuando un solo hecho constituya dos o más infracciones o cuando una de ellas sea un medio necesario para cometer otra.

EJEMPLO

Si una persona comete un atentado contra un agente de la autoridad y le causa lesiones (un solo hecho de agresión constituye dos delitos: atentado a un agente de la autoridad y lesiones), se le impondrá la pena prevista para la infracción más grave en su mitad superior.

CUMPLIMIENTO DE LAS PENAS

Cuando al reducir la pena esta sea inferior a seis meses, deberá sustituirse por una multa, un arresto de fin de semana o trabajos en beneficio de la comunidad. Por tanto, el código no quiere que se ingrese en prisión por la comisión de hechos que, tras efectuar las correspondientes rebajas, en los supuestos en los que ello proceda, salga una pena inferior a seis meses de prisión.

Hay supuestos en los que un juez puede decidir que un sujeto, a pesar de no haber sido aún juzgado y condenado, permanezca en prisión hasta que se celebre el juicio para evitar, por ejemplo, el riesgo de fuga que existe; es la llamada *prisión preventiva*.

Siempre y en todo caso, se abonará al reo la prisión preventiva que haya cumplido mientras se tramita el juicio. Por ejemplo, si una persona ha permanecido un año en prisión a la espera del juicio si, una vez celebrado el mismo, se le impone una pena de tres años de prisión, únicamente deberá cumplir dos, pues uno ya lo cumplió en régimen de prisión preventiva.

Supuestos de suspensión y sustitución de penas

En determinados casos y circunstancias, el código permite que una persona a quien se ha impuesto una pena deje de cumplirla, o bien cumpla una de naturaleza distinta y más leve.

SUSPENSIÓN DE LA EJECUCIÓN DE LAS PENAS PRIVATIVAS DE LIBERTAD

Siempre se trata de una facultad discrecional del juez que podrá adoptar cuando concurran en el reo las siguientes circunstancias:

— que la pena impuesta sea inferior a dos años de prisión;
— que sea la primera vez que el sujeto delinque (o que tenga los antecedentes penales anteriores cancelados);
— que haya satisfecho las responsabilidades civiles a que haya sido condenado (como por ejemplo, el abono de una indemnización).

Si una vez acordada la suspensión, el sujeto delinque, se le retirará la misma y se acordará su ingreso inmediato en prisión. Se trata, pues, de una *segunda oportunidad* que el código otorga a las personas que cometen un delito que no sea demasiado grave (pena inferior a dos años de prisión) por primera vez que se condiciona a que no delinca en los plazos que, a tal efecto, se le señalen.

Sustitución de las penas privativas de libertad

Hay que tener en cuenta que los jueces podrán sustituir las penas de prisión que no excedan de dos años por arrestos de fines de semana o multa. También podrán sustituir las penas de arresto de fines de semana por multa o trabajos en beneficio de la comunidad.

Por otra parte, en los supuestos en los que el condenado sea extranjero, se podrá sustituir la pena impuesta, siempre que sea inferior a seis años de prisión, por la expulsión del país.

Las medidas de seguridad

Constituyen la alternativa a la pena en los casos en que resulte condenada una persona en quien se haya apreciado la exención de responsabilidad criminal en los supuestos contemplados en el artículo 20 n.º 1 (alteración psíquica), n.º 2 (intoxicación plena por consumo de drogas o alcohol o síndrome de abstinencia) y n.º 3 (alteración de la percepción).

A dichas personas, cuando se pruebe que hayan cometido un delito, no se les podrá imponer ninguna pena, por cuanto al concurrir en las mismas una circunstancia de exención de la responsabilidad criminal, quedarán por ello exentas de pena.

Ello no obstante, el Código ha previsto para estos casos la adopción de un catálogo de medidas *(medidas de seguridad)* orientadas a ofrecer un tratamiento a estas personas tendente a mejorar o curar su enfermedad. Dichas medidas vienen contempladas en el artículo 96 del Código penal y destacan las de internamiento en centro psiquiátrico y en centro de deshabituación.

Conviene destacar que el internamiento en un centro terapéutico no podrá serlo por un plazo superior al de la pena de prisión que, en su caso, se les habría impuesto.

La responsabilidad civil derivada de los delitos y las faltas

La comisión de un delito o una falta conlleva, además de la imposición de un castigo de naturaleza penal (prisión, multa o pena privativa de derechos), la necesidad de reparar los daños y perjuicios causados por el mismo.

Si se diese el caso de que alguien produjese lesiones a una persona y estas provocasen, en un plazo más o menos inmediato, la pérdida de un ojo, además de recibir una pena que probablemente será de prisión, el juez condenará al sujeto activo del delito a abonar una indemnización económica a su víctima por el daño causado (en este caso, pérdida de un ojo).

La legislación, además, prevé la posibilidad de establecer una relación de responsables civiles subsidiarios en defecto de los responsables del delito. Así, por ejemplo, los padres lo serán respecto de los delitos o faltas cometidos por sus hijos si estos últimos no son solventes. También lo son las editoriales de periódicos respecto de sus trabajadores; las empresas por las infracciones de sus empleados; los titulares de vehículos por las infracciones de los usuarios de los mismos; el Estado, las comunidades autónomas y los ayuntamientos por las infracciones de sus funcionarios.

Además, conviene destacar que, en el caso de accidentes de tráfico, las víctimas dispondrán de acción directa (no subsidiaria) contra las compañías aseguradoras.

Igualmente destaca como novedad del código de 1995 el hecho de que se valorará si la víctima tuvo alguna responsabilidad en el accidente a fin de atemperar la indemnización que deba recibir. Es la llamada *concurrencia de culpas*.

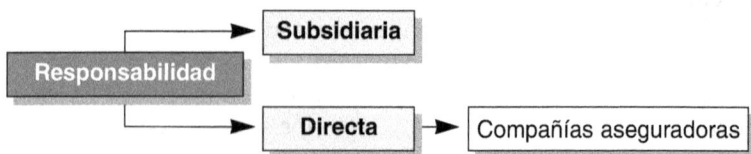

Las causas que extinguen la responsabilidad criminal

Son las siguientes:

— muerte del reo;
— cumplimiento de la condena;
— indulto;
— perdón del ofendido;
— prescripción del delito;
— prescripción de la pena.

De los supuestos indicados, merece centrar la atención en la prescripción por cuanto los demás no revisten especial dificultad ni tienen un tratamiento específico.

Los plazos de prescripción de los delitos son los siguientes:

— a los veinte años cuando la pena señalada al delito sea de quince o más años;
— a los quince, cuando la pena señalada por la ley sea de entre diez y quince años de prisión;
— a los diez, cuando la pena señalada por la ley sea de entre cinco y diez años de prisión;
— a los cinco, los restantes delitos graves (artículo 13 y 33 del Código penal: los castigados con pena superior a tres años de prisión);
— a los tres, los delitos menos graves (artículo 13 y 33 del Código penal: los castigados con pena de prisión de seis meses a tres años de prisión).

Las faltas prescriben a los seis meses. Los plazos de prescripción comenzarán a computarse desde el día siguiente al que se cometió la infracción penal. Por ejemplo, si se comete una falta de hurto el día 1 de enero del año 2000 y no se pone en conocimiento de la policía por parte dela víctima hasta el día 2 de junio del mismo año, la policía no podrá actuar por cuanto la falta habría prescrito con lo que ya no existiría la facultad de dirigir acción penal contra su responsable.

La cancelación de los antecedentes penales

La cancelación de los antecedentes penales es una cuestión importante por cuanto a pesar de la obligación que pesa sobre el Ministerio de Justicia de proceder a la misma de oficio, es decir, sin necesidad de que la parte interesada deba recordárselo, con demasiada frecuencia ello no ocurre, lo cual da lugar a situaciones que pueden perjudicar enormemente al condenado por cuanto, por ejemplo, al ir a solicitar un empleo en el que se exija no tener antecedentes penales, pueden seguir figurando en su historial a pesar de que, por la concurrencia de los requisitos que a continuación se expresan, estos estén cancelados y, por tanto, no debieran constar.

Los requisitos para tener derecho a que se cancelen los antecedentes penales son los siguientes (artículo 136 del Código penal):

a) Tener satisfechas las responsabilidades civiles derivadas de la condena. Por ejemplo si además de una pena de privación de libertad se impone al reo la obligación de indemnizar a su víctima con una cantidad de dinero por secuelas causadas, deberá estar pagada esa cantidad como primer requisito para tener derecho a la cancelación de los antecedentes.

b) Haber transcurrido sin delinquir los siguientes plazos:

— seis meses para las penas leves;
— dos años para las penas que no excedan de doce meses y las impuestas por delitos imprudentes;
— tres años para las restantes penas menos graves;
— cinco años para las penas graves.

Así, por ejemplo, una persona que hubiera sido condenada a una pena de prisión de dos años (una pena *menos grave* se castiga con prisión de seis meses a tres años), deberá haber estado, en el momento de solicitar la cancelación de sus antecedentes, un periodo de tres años sin haber delinquido; dicho plazo se contará desde que la pena impuesta quedara definitivamente cumplida. Así, en el ejemplo propuesto, el reo deberá, en primer lugar cumplir la pena de dos años de privación de libertad y, luego, estar tres años más sin delinquir para poder solicitar la cancelación de sus antecedentes.

¿Qué sucede si una persona es juzgada por unos hechos y en su hoja de antecedentes figuran todavía unos antiguos que, por el transcurso de los plazos indicados, debieran haberse cancelado y no lo fueron? ¿Le serán computables a efectos de la aplicación de la agravante de reincidencia? La respuesta es no. Según establece el artículo 136.5 del Código penal, en los casos en que, a pesar de cumplirse los requisitos establecidos en este artículo para la cancelación, esta no se haya producido, el juez o tribunal, acreditadas tales circunstancias, ordenará la cancelación y no tendrá en cuenta dichos antecedentes.

Estudio de los delitos

Una vez vistas las figuras comunes a todos los delitos, procede a continuación iniciar el examen de las figuras delictivas más relevantes, estudiando sus particularidades y aspectos más significativos, lo cual efectuaremos siguiendo el criterio propuesto de abordar su tratamiento desde una óptica que permita una comprensión lo más generalizada posible. Para ello trataremos de ilustrar con jurisprudencia aquellos aspectos más complejos de la descripción de cada delito y nos centraremos en sus notas más destacadas.

Los delitos en el Código penal vienen agrupados en función del bien al que dirigen su ataque o, dicho al revés, en función del bien que se trata de proteger. Es el llamado *bien jurídico* que, pese a que su delimitación doctrinal es muy compleja y aún en la actualidad es objeto de profundas disquisiciones, a los efectos de esta obra lo entenderemos como aquel *bien* que la sociedad trata de salvaguardar de los ataques que, en forma de acciones delictivas, se dirigen contra el mismo.

Así, por ejemplo, iniciaremos esta segunda parte tratando los delitos contra la vida que son el homicidio, el asesinato, la eutanasia y el aborto. En todos ellos, el bien jurídico que se trata de proteger es el mismo: la vida humana.

Conviene adelantar que cuando una conducta puede adscribirse a alguno de los delitos contenidos en el Código penal, se dice que la misma es *típica*, y ello por cuanto a las conductas descritas en los artículos del Código se les llama *tipos penales*. Así, por ejemplo, si una persona causa lesiones graves a otra, se dirá que ha cometido el tipo de lesiones y que, por tanto, esa conducta consistente en causar lesiones a otro es *típica*.

Recordemos, además, que el Código asigna a cada conducta típica, esto es a cada delito, una pena que debe entenderse impuesta al autor del delito en fase de consumación. Si esa persona es solamente un partícipe o la conducta ha quedado ejecutada en fase de tentativa, se deberá proceder a rebajar la pena en el modo examinado en la primera parte del libro (uno o dos grados según los casos).

Además, en ocasiones, el marco penal fijado para cada pena es bastante amplio, por ejemplo «el que matare a otro será castigado como reo de homicidio a la pena de prisión de diez a quince años». ¿Cómo se sabe si van a ser 10, 12 o quince años los que se van a imponer? Ello dependerá de las circunstancias personales del delincuente y las del hecho cometido que llevarán al juez a inclinarse por una u otra penalidad. La concreción de la pena es, por tanto, una cuestión que compete exclusivamente al juzgador y entra dentro de lo que se llama el *arbitrio judicial*, que nunca cabe confundir con la arbitrariedad.

Delitos que atentan contra la vida y la integridad física

El Código penal contempla los siguientes: homicidio, asesinato, inducción al suicidio y aborto.

El homicidio

Es la conducta base en este grupo de delitos, pues el asesinato no es más que un homicidio agravado, es decir, un homicidio cometido de un modo o en unas circunstancias que se considera que merece un castigo mayor y se le denomina *asesinato*. En el fondo, en ambas figuras el bien jurídico protegido es el mismo: la vida humana.

El tipo de homicidio viene descrito en el artículo 138 del Código penal del siguiente modo: «el que matare a otro, será castigado como reo de homicidio, con la pena de prisión de diez a quince años».

Así pues, lo determinante es el dar muerte a otra persona (recordemos la existencia de un error de tipo en aquellos casos en los que se da muerte a una persona creyendo que se está abatiendo a un animal: el error recae sobre un elemento del *tipo*, es decir sobre uno de los elementos que componen la descripción del delito), lo cual para poder ser castigado, recordemos, deberá llevarse a cabo de forma dolosa (artículo 138) o imprudente (artículo 142, recoge expresamente la modalidad imprudente del homicidio). Quedaría, por tanto, impune aquel homicidio causado de forma fortuita.

Igualmente entre la acción ejecutada tendente a quitar la vida a otra persona y el resultado de la muerte de esta, deberá darse una relación de causalidad.

Ello en ocasiones no puede presentarse de forma fácil, así, por ejemplo, en los casos en los que la muerte tiene lugar pero no como consecuencia directa de la acción ejecutada que, por ejemplo, únicamente pretendía causar lesiones: una persona golpea a otra con el ánimo de causarle lesiones pero no la muerte. Sin embargo, en el traslado en ambulancia hacia el hospital esta sufre un accidente y el lesionado resulta muerto. ¿Se puede achacar esta muerte al autor de las lesiones entendiendo que si no le hubiera lesionado no se le habría conducido en ambulancia al hospital y, por tanto, no habría sufrido el accidente que le causó la muerte? El Tribunal Supremo, basándose en la denominada *teoría de la consecuencia natural*, entiende que no y que la persona del ejemplo propuesto únicamente deberá responder por las lesiones causadas, pero no por el homicidio.

Finalmente queda por destacar la previsión contenida en el último apartado del artículo 142 relativa a un fenómeno que en los últimos años ha adquirido mucha relevancia social, cual es el de la muerte causada por imprudencia médica. A tal efecto, es oportuno indicar que la jurisprudencia de nuestros tribunales ha desarrollado un cuerpo de doctrina amplio que se refiere a estos supuestos, en el que destaca el concepto de *lex artis*, es decir, se valora el que la conducta del profesional se ha ajustado o no al buen hacer médico propio de cada caso concreto y de la profesión médica en general.

El asesinato

Según hemos expuesto anteriormente, constituye una modalidad agravada de homicidio que tendrá lugar cuando la muerte de una persona se produzca concurriendo alguna de las circunstancias siguientes:

— alevosía;
— precio o recompensa;
— ensañamiento, aumentando deliberada e inhumanamente el dolor del ofendido.

En cualquiera de estos casos la pena a imponer será de quince a veinte años de prisión y si concurre más de una de dichas circunstancias a la vez, la pena será de veinte a veinticinco años.

Las razones que justifican una mayor imposición de pena en estos supuestos son obvias y no merecen un mayor comentario, únicamente recordaremos que la alevosía consiste en ejecutar el hecho de modo que el autor se asegure esa ejecución de manera que no entrañe riesgo ante la defensa que pueda oponer la víctima; así, por ejemplo, causar la muerte mediante un ataque por la espalda o atacando a un disminuido o a un recién nacido que no tendrán capacidad de defensa ante el ataque del agresor.

La diferencia principal con el homicidio es que el asesinato, a diferencia del primero, no admite forma de comisión imprudente, tanto por no estar expresamente contemplada en el código (recordar la disposición contenida en el artículo 12 del Código penal) como por ser evidente que ninguna de las circunstancias calificadoras del asesinato se pueden cometer por imprudencia o descuido.

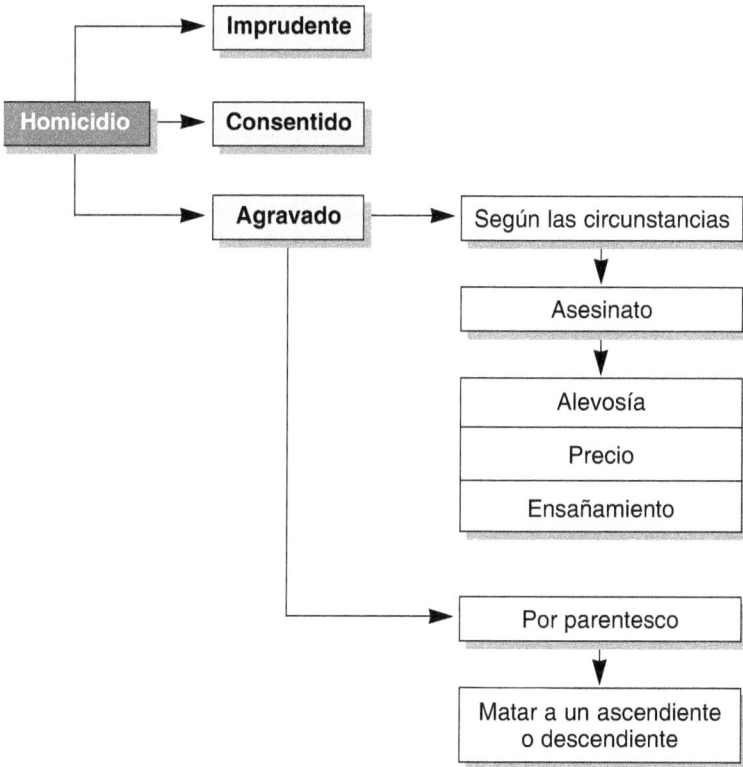

La inducción o cooperación al suicidio (eutanasia)

Viene recogida en el artículo 143 y se castiga con una pena de prisión de cuatro a ocho años la inducción, y con una de dos a cinco años la cooperación.

Así, de la misma manera que el suicidio no está castigado, sí lo está el inducir o cooperar de algún modo al mismo.

En cualquier caso, destaca la previsión contenida al final del precepto relativa al hecho de que el que causare o cooperare activamente con actos necesarios y directos a la muerte de otro, por la petición expresa, seria e inequívoca de este, en el caso de que la víctima sufriera una enfermedad grave que conduciría necesariamente a su muerte, o que produjera graves padecimientos permanentes y difíciles de soportar, será castigado con la pena inferior en uno o dos grados.

Con ello, además de darse una relevancia atenuatoria a la conducta ejecutada sobre la base de motivos de índole humanitaria, se destaca el hecho de que la pena que se llegara a imponer en estos supuestos podría resultar ser tan baja que su ejecución, sin duda, quedaría en suspenso.

El aborto

Destaca, en primer lugar, la distinción entre los supuestos en los que el mismo tenga lugar sin o con el consentimiento de la mujer.

En los primeros, el castigo será exclusivamente para el médico y será la pena de prisión de cuatro a ocho años y la inhabilitación especial para ejercer la medicina por espacio de tres a diez años.

En los segundos, mucho más leves, la pena a imponer al facultativo será la prisión de uno a tres años y a la mujer será de seis meses a un año de prisión o una multa pecuniaria, lo cual da la pauta del grado de comprensión por parte de la sociedad en este tipo de cuestiones.

Además, existen una serie de casos en los que el aborto estará permitido y, por tanto, su ejecución quedará sin castigo. Son los siguientes:

— que sea necesario para evitar un grave peligro para la salud física o psíquica de la embarazada (es la llamada *indicación terapéutica*);
— que el embarazo sea consecuencia de un delito de violación *(indicación ética)*;
— que se presuma que el feto tenga que nacer con graves taras físicas o psíquicas *(indicación eugenésica)*.

Por su parte, el Real Decreto 2.409/1986 de 21 de noviembre desarrolla la regulación sobre aquellos centros sanitarios en los que podrá llevarse a cabo la práctica legal de la interrupción voluntaria del embarazo, siempre que se den alguno de los casos previstos en la ley.

Lesiones

La descripción típica del delito de lesiones viene recogida en el artículo 147 del Código penal y se concreta en «el que por cualquier medio o procedimiento causare a otro una lesión que menoscabe su integridad corporal o su salud física o mental, será castigado como reo del delito de lesiones con la pena de prisión de seis meses a tres años, siempre que la lesión requiera objetivamente para su sanidad, además de una primera asistencia facultativa, tratamiento médico o quirúrgico». Veamos por partes los distintos elementos que componen la descripción del delito de lesiones.

MEDIOS Y PROCEDIMIENTOS

Destaca en primer lugar el hecho de que no se limitan los medios comisivos por los cuales se puede causar la lesión, pudiéndose en consecuencia incardinar en el delito la lesión producida «por cualquier medio o procedimiento».

MENOSCABO DE LA INTEGRIDAD CORPORAL O LA SALUD FÍSICA Y MENTAL

Este tipo no se refiere únicamente a las lesiones que produzcan un daño o una secuela corporal (un corte, una fractura, un golpe, por ejemplo), sino que contempla también aquellas que produzcan un daño a la salud física (enfermedad) o mental (trastornos de índole psíquica o psiquiátrica).

LESIONES QUE REQUIEREN ASISTENCIA SANITARIA

A la hora de pronunciarse, es muy importante distinguir entre aquellas lesiones cuya curación requiera una primera asistencia facultativa de aquellas otras para las que sea necesario un tratamiento médico o quirúrgico.

Así, la lesión que para su sanidad requiera únicamente una primera asistencia facultativa (por ejemplo, un golpe que tan sólo produce una leve contusión) será una falta y tendrá asignada la pena de la falta que siempre será de mucha menor entidad que la del delito, aparte del hecho importante de que, caso de una eventual condena, la misma no quedaría registrada en la hoja de antecedentes penales del condenado; de ahí la importancia que tiene en la práctica delimitar si las lesiones causadas han precisado o no, además de una primera asistencia facultativa, tratamiento médico o quirúrgico.

Ello no obstante, para evitar penas desproporcionadas en el propio precepto se incluye una previsión relativa por si el hecho es de menor gravedad, teniendo en cuenta el medio empleado o el resultado producido, en cuyo caso la pena a imponer será muy inferior (arresto de fines de semana o multa).

En el caso contrario, es decir, en los supuestos en que la agresión produzca lesiones muy graves (pérdida de miembro principal —por ejemplo un ojo— una deformidad grave, la impotencia, esterilidad o una grave enfermedad somática o psíquica) se prevé la imposición de una pena mucho mayor (puede llegar hasta los doce años de prisión).

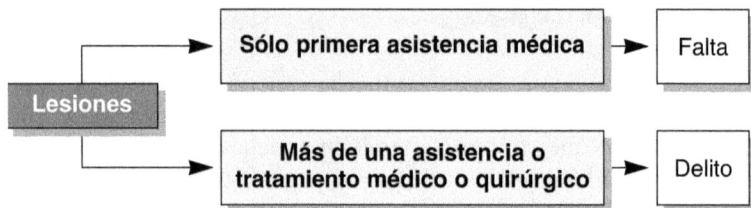

Cabe destacar dos supuestos muy particulares dentro del delito de lesiones:

— lesiones causadas en el cónyuge, ascendientes o descendientes;
— lesiones acaecidas a resultas de riñas tumultuarias.

Las lesiones causadas en el cónyuge o ascendientes o descendientes en casos de agresiones a los mismos, si se producen de forma habitual podrán ser castigadas con la pena del delito (hasta tres años de prisión) a pesar de que sean individualmente consideradas constitutivas únicamente de falta. Por ejemplo, el esposo que golpea habitualmente a su esposa produciéndole pequeños hematomas que individualmente considerados sería constitutivos únicamente de una falta (por no precisar para su curación, además de una primera asistencia facultativa, de tratamiento médico o quirúrgico) podrá ser castigado por un delito de lesiones. La asiduidad con la que se realizan las agresiones será, pues, determinante en este tipo de supuestos.

En cuanto a las riñas tumultuarias (cuando varias personas se enzarzan en una pelea golpeándose mutuamente), pueden castigarse con pena de hasta un año de prisión.

Delitos que atentan contra la libertad de las personas

Se consideran delitos que atentan contra la libertad de las personas la detención ilegal, el secuestro, las amenazas y las coacciones.

Detención ilegal y secuestro

En ambos delitos la acción típica consiste en privar de libertad a una persona en contra de su voluntad, encerrándole o deteniéndole. La diferencia radica en que, en el caso del secuestro se exige «alguna condición para ponerla en libertad», que normalmente se concretará en la petición de una suma de dinero.

La pena por el delito de detención ilegal puede llegar hasta los ocho años de prisión, mientras que por secuestro alcanza los diez años de prisión. Ello no obstante, para cada delito, está prevista la concurrencia de circunstancias que, en su caso, atenuarán o agravarán la pena. Así, por ejemplo, tanto en el delito de detención ilegal como en el delito de secuestro, el no dar razón del paradero de la persona detenida o secuestrada puede representar aumentar en un grado la pena señalada para cada uno de esos delitos.

Nos parece oportuno destacar una línea de jurisprudencia del Tribunal Supremo que entiende que la retención, siquiera sea por un escaso periodo de tiempo (por ejemplo unas horas), de una persona privándole de su libertad de movimiento contra su voluntad, ya constituye un delito de detenciones ilegales.

La sentencia del Tribunal Supremo de 7 de abril de 1995 condenó como autor de un delito de detenciones ilegales a un marido separado por obligar contra su voluntad a su esposa a entrar en un vehículo para poder hablar con ella, reteniéndola en el mismo por espacio de unas horas.

Amenazas

Cabe distinguir dos supuestos:

— amenazar a una persona con causarle un mal constitutivo de delito (por ejemplo matarle o lesionarle);
— amenazar a una persona con causarle un mal no constitutivo de delito.

En el primer caso las penas pueden alcanzar cinco años de prisión y, en el segundo, dos.

Las referidas penas pueden verse agravadas si las amenazas se profieren exigiendo una cantidad de dinero o imponiendo cualquier otra condición o si se hicieran por escrito, por teléfono o por cualquier medio de comunicación o reproducción.

Coacciones

La acción típica viene descrita en el artículo 172 del Codigo penal del siguiente modo: «El que sin estar autorizado impidiere a otro con violencia hacer lo que la Ley no prohíbe, o le compeliere a efectuar lo que no quiere».

En consecuencia, es necesario tener en cuenta los siguientes elementos:

a) *La ausencia de autorización:* por tanto, la existencia de cualquier tipo de autorización dejaría impune la conducta realizada. Por ejemplo, un propietario que impide el paso por su finca a personas extrañas o una persona que, creyendo que tiene facultades para hacerlo, impide a otras la entrada en un recinto mercantil.

b) *El impedimento con violencia de hacer lo que la ley no prohíbe:* es la primera modalidad de coacción contemplada, y en ella el sujeto activo del delito con su conducta impide a otro hacer lo que la ley no prohíbe, pero nótese que ello debe hacerlo *con violencia*. Por ejemplo, el particular que, sin motivo alguno, impide a empujones que otro particular acceda a un recinto público. Ello no obstante cabe advertir que la jurisprudencia del Tribunal Supremo ha equiparado al empleo de violencia a la que alude el precepto la realización de acciones en las que no se da propiamente una violencia física. Así, se ha entendido que es una coacción el hecho de que un propietario que quiere deshacerse de su inquilino porque le paga poco, lleve a cabo actos tales como el corte del suministro de agua o eléctrico de la finca; la jurisprudencia los equipara a actos de *violencia* aunque, evidentemente no lo sean en el sentido literal y estricto del término.

c) *La obligación a realizar algo no deseado:* es la segunda modalidad activa de este delito, y también exige la concurrencia de violencia con la interpretación amplia del término ofrecida por el Tribunal Supremo, tal como se ha visto anteriormente. Por ejemplo, obligar a una persona con un cuchillo a que le transporte en un ciclomotor.

Delitos que atentan contra la libertad sexual

El Código penal considera como delitos contra la libertad sexual los siguientes: la agresión sexual, el abuso, el acoso, el exhibicionismo y la prostitución.

A pesar de que cada uno de los delitos está perfectamente delimitado, cabe hacer algunas aclaraciones antes de iniciar el análisis pormenorizado de cada uno de ellos.

Como cuestión previa y común a todo este grupo de delitos que atentan contra el bien jurídico de la libertad sexual de las personas, conviene tener presente que este capítulo ha sido objeto de una reforma posterior a la promulgación del Código penal (en concreto, por medio de la Ley Orgánica 11/1999, de 30 de abril, relativa a delitos contra la libertad e indemnidad sexuales) que fundamentalmente se orienta a la protección de todo este elenco de delitos a los menores.

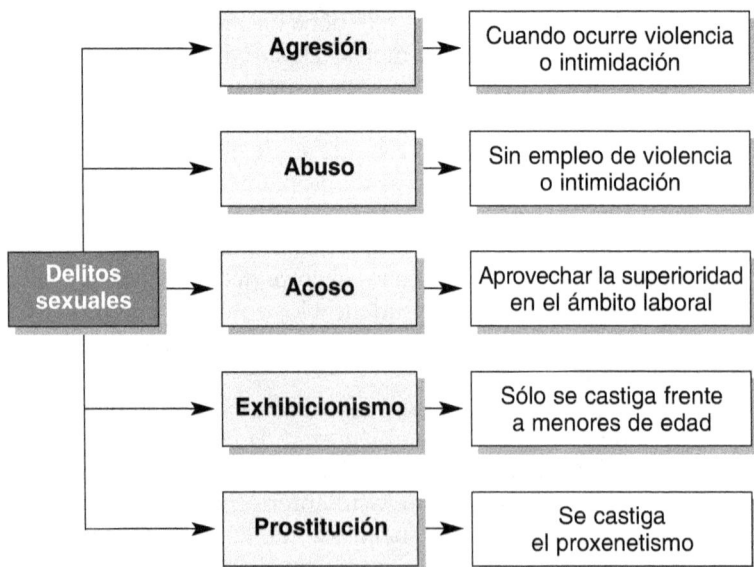

Delitos sexuales	Agresión	Cuando ocurre violencia o intimidación
	Abuso	Sin empleo de violencia o intimidación
	Acoso	Aprovechar la superioridad en el ámbito laboral
	Exhibicionismo	Sólo se castiga frente a menores de edad
	Prostitución	Se castiga el proxenetismo

Agresiones sexuales

Por agresión sexual debe entenderse, en primer término, todo aquel atentado contra la libertad sexual de una persona que se cometa con violencia e intimidación. Por contra, cuando ese atentado se cometa sin la concurrencia de violencia o intimidación, estaremos frente a un abuso sexual.

Ahora bien, dentro de la agresión sexual, la ley establece un supuesto de agresión sexual especialmente grave cual es la violación, que viene por tanto, definida como aquella agresión sexual que consista en:

— acceso carnal por vía vaginal, anal o bucal;
— introducción de objetos por alguna de las dos primeras vías.

En estos casos, la penalidad prevista para las agresiones sexuales, que oscila entre uno y cuatro años de prisión, se eleva hasta los doce años de prisión. Y, además, tanto las agresiones sexuales como las violaciones podrán experimentar un incremento de pena (que, en el caso de las violaciones, puede alcanzar los quince años de prisión) si concurren alguna de las circunstancias previstas en el artículo 180 del Código penal, de entre las que destacamos: vulnerabilidad de la víctima; que la víctima sea menor de trece años; cuando el responsable se haya aprovechado de la superioridad o parentesco que tiene en relación con la víctima o cuando se haya hecho uso de armas.

Abusos sexuales

Ya los hemos descrito como aquellas agresiones sexuales que se ejecutan sin mediar violencia ni intimidación por parte de su autor y que evidentemente no sean consentidos por la víctima.

Por lo que se refiere al consentimiento de la víctima, el Código penal estima que no pueden dar válidamente su consentimiento los menores de doce años ni las personas que se hallen privadas de sentido o que padezcan un trastorno mental; cuando se ejecute un abuso sexual sobre cualquiera de las personas comprendidas en los grupos de casos descritos —a pesar de que medie el consentimiento de estas— se considerará que el mismo (consentimiento) no es válido y se considerarán los actos ejecutados constitutivos del delito de abusos sexuales.

Igualmente se castigarán los supuestos en los que el consentimiento se obtenga, aprovechándose de la situación de superioridad (por ejemplo, aprovecharse de la diferencia de edad y de la relación familiar con la víctima) o mediante engaño.

Acoso

Se trata de un delito de nueva aparición en el Código penal de 1995 y aborda aquellas conductas que consisten en solicitar favores de naturaleza sexual para sí o para un tercero aprovechándose de una situación de superioridad laboral, docente o análoga, con el anuncio expreso de perjudicar a la víctima en dicho ámbito si no accede a la solicitud.

Con este tipo delictivo se trata de poner freno a las conductas de este género que se producen principalmente en las relaciones laborales.

Exhibicionismo

Se castiga el ejecutar o hacer ejecutar a otros actos de exhibición obscena ante menores de edad o incapaces. Si dichos actos se llevan a cabo ante mayores de edad, no constituyen este delito.

Prostitución

Ante todo cabe dejar claro que el ejercicio de la prostitución no es delito alguno, por cuanto lo que se castiga con este delito es la conducta de favorecer o facilitar la prostitución; es decir, se castiga al proxeneta.

Si la determinación al ejercicio de la prostitución se ejecuta mediante coacciones, la pena puede alcanzar los cuatro años de prisión, con un mínimo de dos.

Delitos que atentan contra la inviolabilidad del domicilio

Los delitos contra la inviolabilidad del domicilio contemplados por el Código Penal son el allanamiento de morada, de domicilio de persona jurídica y de establecimientos abiertos al público.

Allanamiento de morada

Viene definido el delito con la conducta llevada a cabo por parte de un particular consistente en la entrada o mantenimiento en morada ajena contra la voluntad de su morador.

Por tanto, no sólo se castiga la entrada contra la voluntad del morador, sino también el supuesto en el que habiendo sido permitida y facilitada la entrada, el sujeto se niega a abandonarla cuando es requerido para ello.

Si el hecho se ejecuta utilizando violencia o intimidación, la pena puede alcanzar los cuatro años de prisión.

Allanamiento de domicilio de persona jurídica y establecimientos abiertos al público

Se castigará cuando se entre (no cuando *se mantenga*) en el domicilio contra la voluntad de su titular fuera de las horas de apertura.

Igualmente si el hecho de entrar o, ahora sí, mantenerse contra la voluntad de su titular, se ejecuta con violencia o intimidación, la pena se incrementará, pudiendo alcanzar los tres años de prisión.

Se comprende en este tipo delictivo los supuestos en los que la acción típica se lleve a cabo en despachos profesionales, oficinas y establecimientos mercantiles o locales abiertos al público.

Delitos que atentan contra el honor

Según el Código penal, se consideran delitos contra el honor las calumnias y las injurias.

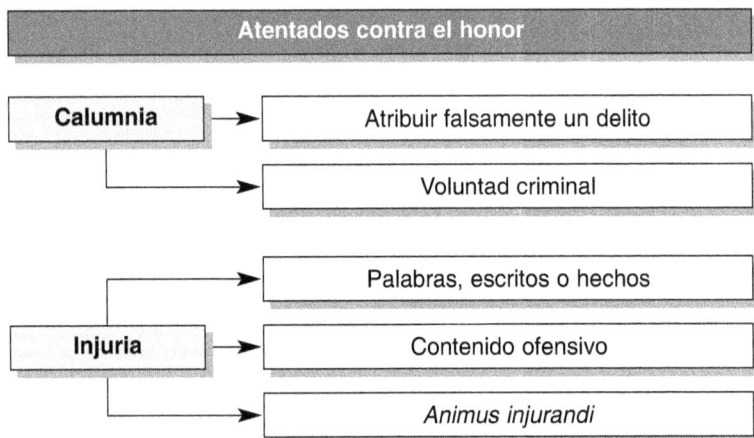

Atentados contra el honor	
Calumnia	Atribuir falsamente un delito
	Voluntad criminal
	Palabras, escritos o hechos
Injuria	Contenido ofensivo
	Animus injurandi

Calumnias

Se considera calumnia, según el Código, la imputación de un delito hecha con conocimiento de su falsedad o temerario desprecio hacia la verdad. Así, por ejemplo, se ha condenado por un delito de calumnias a un miembro de un consistorio municipal por afirmar en varios plenos que uno de los miembros de la oposición había cometido delitos de falsedad documental, al expedir certificaciones falsas, lo cual se pudo demostrar que no era cierto, constituyendo únicamente un intento de menoscabar el honor de dicha persona a través de una calumnia.

El acusado quedará exento de pena si prueba la veracidad del hecho criminal imputado.

Injurias

Son todas aquellas expresiones que lesionan la dignidad de otra persona menoscabando su fama o su propia estimación. Tal sería el caso, por ejemplo, de una persona que afirmó públicamente que una mujer casada mantenía relaciones con otro hombre.

En este tipo de delitos cabe tener siempre presente el contexto en el que se producen las expresiones injuriosas. Así, por ejemplo, se absolvió de este delito a un candidato a unas elecciones que, en el curso de la campaña electoral, profirió expresiones injuriosas contra un rival, amparándose en dicho caso en la libertad de expresión y entendiéndose que, en dicho contexto, las descalificaciones personales son habituales para lograr mayor número de votos que el rival, sin tener realmente intención de ofenderle personalmente sino por lo que, como rival en una contienda, representa.

Delitos que atentan contra las obligaciones familiares

El Código penal considera delitos contra las obligaciones familiares el impago de pensiones y el abandono de familia.

Impago de pensiones

Se trata de una figura delictiva que se ha visto potenciada para tratar de frenar la grave situación de desamparo en que se encontraban muchas mujeres como consecuencia del incumplimiento por parte de su ex esposo de la obligación de pasarles una pensión, bien sea compensatoria (para la esposa) o de alimentos (para los hijos), como consecuencia de un procedimiento de separación o divorcio.

En este delito se castiga el hecho de dejar de pagar durante dos meses consecutivos o bien durante cuatro meses no consecutivos cualquier tipo de contraprestación económica en favor del cónyuge o de los hijos, principalmente en los supuestos de separación o divorcio, que es donde suele darse esta conducta delictiva con más frecuencia.

La pena con la que se castiga este proceder será la de arresto de 8 a 20 fines de semana, y existirá, en todo caso, la obligación de reparar el daño causado, es decir, abonar la totalidad de pensiones impagadas.

En este punto conviene tener presente el sentido de algunas resoluciones que han sido dictadas por los tribunales en supuestos análogos para entender la configuración jurisprudencial de este delito. Son las siguientes:

— la sentencia de la Audiencia Provincial de Teruel de 22 de enero de 1996, que entendió que únicamente no se podrá castigar al cónyuge incumplidor en los supuestos en los que exista una real y auténtica imposibilidad económica de pagar y siempre que haya existido una voluntad de intentar hacer frente a las obligaciones;

— la sentencia de la Audiencia Provincial de Asturias de 16 de enero de 1997, que entendió que el hecho de haber procedido al abono de la totalidad de pensiones impagadas con anterioridad a la celebración del juicio oral, debe considerarse como una circunstancia atenuante muy cualificada de la responsabilidad criminal y, en consecuencia, atenuar sensiblemente la pena a imponer;

— la Sentencia de la Audiencia Provincial de Zaragoza de 30 de enero de 1998, que dictaminó la obligación de pagar la pensión del marido en un supuesto en el que este voluntariamente se despidió del trabajo para alegar imposibilidad económica de atender el pago de las pensiones convenidas en la separación del matrimonio.

Abandono de familia

Conviene dejar claro que este delito no tiene nada que ver con el que antiguamente existía bajo la denominación de abandono de hogar, el cual ha desaparecido del Código de 1995.

Este delito castiga al que dejare de cumplir los deberes legales de asistencia inherentes a la patria potestad o figuras afines (curatela, tutela, etc.) o dejare de prestar la asistencia necesaria para el sustento de sus ascendientes, descendientes o cónyuge, siempre que estos se hallen necesitados.

Más que con menores, los casos más frecuentes en la práctica se presentan con los ascendientes ancianos que se mantienen en situación muy precaria por parte de sus hijos o cuidadores.

Delitos de daños

El Código penal contempla dentro de esta categoría los daños, estragos e incendios.

Daños

Cabe distinguir dos modalidades de daños:

a) Los cometidos dolosamente en propiedad ajena, siempre que su importe exceda de 50.000 pesetas (si es inferior serán, en su caso, constitutivos de una falta), serán castigados con una multa de seis a veinticuatro meses.

Si para causar los daños referidos, se emplean determinados medios considerados especialmente peligrosos (empleo de sustancias venenosas o corrosivas) o se ejecutan en determinadas circunstancias (por ejemplo, sobre un testigo a fin de doblegar su voluntad se intente provocar daños que arruinen al perjudicado, etc.), la pena que se impondrá puede alcanzar los tres años de prisión.

b) Los causados por imprudencia *grave* en cuantía superior a diez millones de pesetas. Se trata, por tanto, de un supuesto de incriminación expresa de la modalidad imprudente del delito en cuestión.

En este último supuesto, cabe tener presente que el denominado *perdón del ofendido* extingue la acción penal. Dicha circunstancia normalmente se producirá tras haber alcanzado un acuerdo económico de reparación de los daños causados entre el causante de los mismos y la víctima que, por ello, le otorgará este perdón *procesal*, evitándole la imposición de una pena.

Estragos

Se trata de un delito consistente en la destrucción —por medio de explosivos o medios análogos— de grandes infraestructuras (aeropuertos, puertos, estaciones, edificios, medios de transporte colectivos, etc.), siempre que ello haya comportado un peligro para la vida o integridad de las personas.

Así, por ejemplo, se condenó un caso en que los autores del delito colocaron un artefacto explosivo compuesto por 3 kg de amonal en el local de una empresa que causó daños valorados en más de un millón de pesetas, y en el que existió la posibilidad real de que hubiera alcanzado la onda expansiva a los potenciales transeúntes que hubieran podido pasar cerca del lugar en el que se produjo la explosión.

Cabe tener presente que dicho delito admite la comisión imprudente, castigada con pena de hasta cuatro años de prisión.

Dentro del capítulo que se ocupa de los estragos, aparece descrita una conducta que hoy en día tiene mucha actualidad, dados los trágicos sucesos acaecidos como consecuencia del desprendimiento de trozos de balcones o de fachadas de inmuebles: se trata de la conducta delictiva contemplada en el artículo 350 del Código penal que trata, a los efectos que nos interesa destacar, de las personas que desatienden de forma grave sus deberes de conservación, acondicionamiento o mantenimiento de edificios, infringiendo las normas de seguridad dictadas a tal efecto y cuya inobservancia ponga en concreto peligro la vida o integridad física de las personas.

Incendios

Cabe distinguir diversas modalidades:

— los que comporten un peligro para la vida o integridad física de las personas serán castigados con penas de prisión de hasta veinte años;
— los causados en zonas forestales podrán ser castigados con una pena de hasta cinco años de prisión; si se pusiere en peligro la vida o integridad física de las personas, la pena será la prevista para el apartado anterior;
— los causados en zonas no forestales se castigarán con prisión de hasta dos años;
— los causados en bienes propios, si se lleva a cabo con intención de defraudar, por ejemplo a una compañía aseguradora, podrán castigarse con una pena de hasta cuatro años de prisión.

Todas estas modalidades de incendio también serán castigadas si se cometen por imprudencia grave.

Delitos económicos y contra el patrimonio

El Código penal considera como tales el robo, el hurto, la estafa, la apropiación indebida, el alzamiento de bienes, la quiebra fraudulenta y los delitos societarios.

Robo y hurto

Son las dos figuras delictivas contra el patrimonio por excelencia y revelan el origen liberal de la mayoría de códigos penales que, en

Apoderamiento de cosas ajenas	
Hurto →	Sin empleo de fuerza o violencia
Robo →	Con empleo de fuerza o violencia

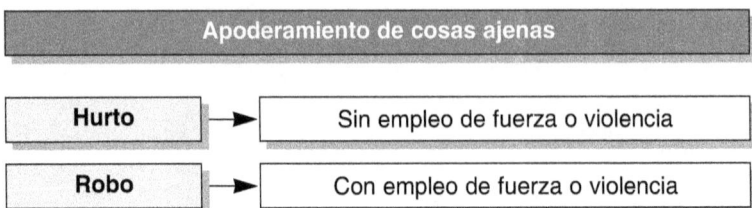

sus orígenes, tenían como una de sus misiones principales la protección a ultranza de la propiedad privada.

El hurto viene descrito como la acción de tomar cosas muebles ajenas sin que mediase voluntad expresa de su dueño, llevada a cabo con ánimo de lucro, y cuya cuantía sea por lo menos superior a 50.000 pesetas, ya que si fuese inferior, la acción será constitutiva, en todo caso, de una falta.

En consecuencia, se consideran hurtos todas aquellas acciones en las que la sustracción de bienes ajenos se ha realizado aprovechando un descuido de su dueño o una especial habilidad de su autor, sin emplear nunca para ello ningún género de violencia o intimidación (en cuyo caso, la acción ejecutada integraría un delito de robo, según veremos). Así, por ejemplo, será constitutiva de hurto la acción del carterista que sustrae la cartera de su dueño sin que este se aperciba de ello.

La pena a imponer a los autores de este delito será la de prisión de seis a dieciocho meses. Ello no obstante, si el hurto recae sobre cosas de valor artístico, histórico, cultural o científico, o sobre bienes de primera necesidad o cuando ponga a la víctima en situación de desamparo económico, la pena podrá alcanzar los tres años de prisión.

Por su parte, el robo viene definido como el apoderamiento con ánimo de lucro de cosas muebles ajenas empleando para ello fuerza en las cosas para acceder al lugar en el que estas se encuentran o violencia o intimidación en las personas. Debemos distinguir, pues, las dos modalidades de robo contempladas en el Código penal: el robo con fuerza en las cosas y el robo con violencia e intimidación.

Robo con fuerza en las cosas

Para aclarar cuándo se puede entender que un robo se ha cometido empleando fuerza en las cosas, el Código recurre a un sistema enumerativo de los supuestos en los que ello tendrá lugar, a saber:

— el escalamiento;
— el rompimiento de pared, techo o suelo, o fractura de puerta o ventana;
— la fractura de armarios, arcas u otra clase de muebles u objetos que estén cerrados o sellados, así como el forzamiento de sus cerraduras;
— el uso de llaves falsas;
— la inutilización de sistemas específicos de alarma o guarda.

El escalamiento supone la entrada por una vía no destinada al efecto. Se trata, en suma, de una actividad no violenta ni de fuerza, sino de astucia, destreza y agilidad que el legislador asimila a la fuerza por la peligrosidad que el inculpado revela para vencer los obstáculos o defensas naturales o artificiales protectoras de la propiedad. Así, por ejemplo, la jurisprudencia del Tribunal Supremo entiende por escalamiento el acceso al interior de una vivienda a través de una ventana situada a 1,5 m del suelo. Otros supuestos serían, por ejemplo saltar una tapia, una valla, escalar por una pared, subir por un andamio, etc.

El rompimiento de pared, techo o suelo, o fractura de puerta o ventana sólo serán constitutivos de delito cuando integren un medio necesario para lograr el acceso a la cosa que se pretenda sustraer, por lo que nunca una fractura subsiguiente servirá para calificar el hecho como robo con fuerza.

Estos supuestos parecen ir referidos exclusivamente a edificios, pero la jurisprudencia interpreta que se pueden incluir todas las estructuras que delimiten un espacio exterior con la finalidad de obstaculizar el apoderamiento de la cosa, por ejemplo vagones de ferrocarril, escaparates, etc.

Además, conviene tener en consideración el hecho de que la jurisprudencia, en atención al principio de legalidad, tiende a rechazar cualquier interpretación laxa del concepto de fuerza.

Así, en el supuesto en el que el acusado abatió una valla metálica para acceder al interior del recinto del que se apoderó de diversos bienes, se entendió que no había ruptura de pared, al no poderse entender equivalente la acción de abatir una valla a la de romper una pared, por lo que se absolvió al reo del delito de robo con fuerza por el que venía acusado.

La fractura de armarios, arcas u otra clase de muebles u objetos cerrados o sellados, o forzamiento de sus cerraduras o descubrimiento de sus claves para sustraer su contenido, sea en el lugar del robo o fuera del mismo.

La jurisprudencia interpreta esta modalidad de robo con fuerza en el sentido de no entender necesario romper o destruir, sino que es suficiente con la aplicación de la fuerza para quebrantar los medios de protección adoptados por el propietario para la defensa de su patrimonio. Así, por ejemplo, se han considerado comprendidos en este apartado del precepto las conductas consistentes en desmontar cristales, desmontar persianas, presionar la cerradura del maletero de un vehículo hasta lograr su apertura, etc.

En los casos en los que se produce una sustracción de objetos para fracturarlos fuera del lugar de la sustracción, se entiende que el delito queda consumado desde que se coloca el objeto sustraído fuera del lugar de donde se sustrae, con independencia de que posteriormente se logre o no la apertura del mismo.

Así, por ejemplo, los ladrones que sustraen una caja fuerte del interior de un cine, la sacan del mismo con el propósito de trasladarla a un lugar más tranquilo donde poder abrirla, si son sorprendidos por la policía en el trayecto hacia ese lugar seguro, el delito se reputará consumado y no meramente intentado (tentativa), imponiendo a sus responsables la pena prevista para el delito consumado.

Otro supuesto que merece un especial detenimiento es el de la sustracción de ciclomotores, previa la fractura del candado de seguridad que los protegía, por cuanto la jurisprudencia actual entiende que se trata de un supuesto de *hurto* y no de robo con fuerza y ello por cuanto para apreciar la existencia de esta modalidad de robo con fuerza se parte de la idea de diferenciar un objeto continente de un objeto contenido, mientras que en el caso del ciclomotor la fuerza se ejercita sobre el objeto mismo de protección (candado) que, evidentemente, no encierra dentro de sí al ciclomotor.

Por lo que respecta al uso de llaves falsas, se entienden como tales:

— las ganzúas o instrumentos análogos;
— las llaves legítimas perdidas por el propietario;
— cualesquiera otras que no sean las destinadas por el propietario para abrir la cerradura violentada por el reo.

En cualquier caso se consideran llaves las tarjetas, magnéticas o perforadas, y los mandos o instrumentos de apertura a distancia, con lo que se pone fin a la polémica suscitada con el redactado del anterior Código penal por la que se debatía si las tarjetas de crédito debían o no considerarse llaves.

La jurisprudencia por llave ha entendido, a los efectos de lo regulado en este precepto, que lo relevante es que los instrumentos sean aptos para la apertura de cerraduras, de mecanismos o dispositivos de seguridad establecidos por los titulares de bienes para protegerlos. Así, por ejemplo, llave en forma de gancho, lima, navaja, llave de serie, llave inglesa, tijeras, etc. han sido consideradas por los tribunales como llaves a los efectos de esta modalidad del robo con fuerza.

La doctrina incluye las llaves maestras y cualquier tipo de llave que, sin ser las originales, consigan la apertura de la cerradura.

La inutilización de sistemas específicos de alarma o guarda pone fin a la polémica suscitada al amparo del redactado del precepto por parte del anterior Código penal que facilitaba que a los supuestos de sustracción de objetos, a los que se ha incorporado una etiqueta magnética, les fuera negada la calificación de robo con fuerza en las cosas.

En cuanto a la penalidad de estos delitos, será de prisión de uno a tres años en los supuestos comunes, si bien podrá incrementarse hasta los cinco años de prisión en los siguientes casos:

— que concurra alguna de las circunstancias que se han previsto en el artículo 235 del Código penal para el hurto;
— que se cometa en casa habitada o cualquiera de sus dependencias, entendiéndose por casa habitada tal todo albergue que constituya morada de una o más personas, aunque accidentalmente se encuentren ausentes de ella cuando el robo tenga lugar; y por dependencias, sus patios, garajes y demás departamentos contiguos al edificio y en comunicación interior con él, y con el cual formen una unidad física;
— que se cometa en edificio o local abiertos al público o cualquiera de sus dependencias. Conviene destacar que la jurisprudencia del Tribunal Supremo ha especificado que tan sólo podrá apreciarse este supuesto cuando el local esté abierto y se produzca el robo en horas de apertura.

ROBO CON VIOLENCIA O INTIMIDACIÓN

Constituye la segunda modalidad de robo y acaso la más grave por los medios empleados para llevar a cabo el acto: mediante la intimidación (por ejemplo, diciéndole a la víctima que la matará si no le da el dinero exigido) o violencia (por ejemplo, golpeando a la víctima para obligarla a entregar el dinero solicitado).

De esta modalidad destaca la previsión de un supuesto agravado de uso de armas, en relación con aquellos supuestos en los que el delincuente hiciere uso de armas u otros medios igualmente peligrosos que llevare, sea al cometer el delito o para proteger la huida y cuando el reo atacare a los que acudiesen en auxilio de la víctima o a los que le persiguieren. Es preciso desglosar el caso por partes:

— *si hiciere uso de armas u otros medios igualmente peligrosos:* se contemplan, pues, no sólo la utilización de aquellos instrumentos que reciben propiamente la denominación de armas (armas de fuego, navajas, etc.), así como de aquellos otros que, sin serlo en sentido propio, pueden llegar a serlo (por ejemplo una jeringuilla con sangre de un portador del virus del sida);

— *si llevare armas u otros medios igualmente peligrosos:* no se aprecia esta circunstancia en un supuesto en el que el arma utilizada no se llevaba previamente por el delincuente sino que fue tomada en el lugar de los hechos;
— *si el reo atacare a quienes intentasen auxiliar a la víctima o a sus perseguidores:* se amplía el número de supuestos en los que se apreciará este subtipo agravado en relación con la acción del robo, no contrayendo en sentido estricto a dicha acción sino que también va referida, por ejemplo, al uso de dichas armas para proteger la huida una vez efectuado el hecho delictivo (por ejemplo, cuando el arma es simplemente exhibida para cometer el robo, y después es efectivamente utilizada al huir para impedir la persecución policial).

Finalmente, merece la pena destacar la previsión contenida en el apartado 3.º del artículo 242 relativa a la posibilidad de rebajar la pena en un grado en aquellos supuestos en los que la violencia o intimidación ejercitadas sean de entidad menor. Con esta previsión se moderará la pena en aquellos casos en los que el hecho sea de escasa entidad, evitando imponer una pena que de otro modo sería desproporcionada.

Es significativo tener presente que la mayoría de estos hechos delictivos serán cometidos por personas que presentan problemas de drogodependencia y que está prevista la posibilidad de suspender la aplicación de la pena impuesta siempre que esta sea inferior a tres años si se certifica estar incurso en un proceso de desintoxicación.

Igualmente, en algunos casos, está prevista la posibilidad de sustituir el cumplimiento de la pena en prisión por el internamiento en un centro terapéutico de tratamiento de la drogodependencia.

ROBO O HURTO DE USO DE VEHÍCULO DE MOTOR

Se da en aquellos supuestos en los que el delincuente se apropia de un vehículo, no para quedárselo definitivamente sino para utilizarlo por un espacio de tiempo determinado y después dejarlo abandonado. Por ejemplo, la persona que sustrae un vehículo con el fin de trasladarse a otra ciudad y, al llegar a la misma, lo abandona.

En este delito debemos destacar la interpretación ofrecida hasta la fecha de forma unánime por el Tribunal Supremo relativa a que para poder condenar a una persona por este delito es imprescindible que la persona que utiliza el vehículo sea la misma que lo haya sustraído.

Si una persona utiliza un vehículo que no es suyo y que encuentra abandonado en un descampado —donde lo han dejado quienes efectivamente lo habían robado anteriormente— y lo utiliza, no podrá ser castigado por este delito.

Estafa y apropiación indebida

Ambas figuras delictivas se encuentran dentro del título dedicado por el Código penal a los delitos contra el patrimonio y, a su vez, están encuadradas en el capítulo donde se legislan las defraudaciones.

La principal y más conocida es la estafa, que viene definida como la conducta de quienes, con ánimo de lucro, recurriesen al engaño para producir error en otro, induciéndolo a realizar un acto de disposición en perjuicio propio o ajeno. Veamos los dos requisitos principales de esta definición:

— ánimo de lucro: es un elemento que aparece en buena parte de los delitos contra el patrimonio y constituye, por tanto, un elemento del tipo (de la descripción legal del delito) con lo que, si no concurre, la conducta será impune; de todas maneras su presencia será evidente en la mayoría de los supuestos;

— utilizaren engaño: es un elemento que ofrece dudas para su interpretación, pues no siempre resultará fácil determinar cuándo el engaño ha sido *bastante* a los efectos de decidir si concurre o no este otro requisito del tipo.

Por tal, se entiende aquel que resulte idóneo o adecuado para la producción del resultado pretendido. Así, la sentencia del Tribunal Supremo de 11 de octubre de 1990 establece que para ser considerado *bastante*, el engaño debe ser suficiente y proporcional para la consecución de los fines propuestos, debiendo valorarse aquella idoneidad atendiendo tanto a módulos objetivos como en función de las circunstancias personales del sujeto afectado y del resto de circunstancias del caso concreto.

Así, la vertiente objetiva de dicho engaño equivale, según la jurisprudencia, al hecho de que la maniobra defraudatoria revista suficiencia y seriedad para defraudar a personas de mediana perspicacia y diligencia; por su parte, la vertiente subjetiva vendrá determinada por la idoneidad del engaño en función de las condiciones personales del sujeto pasivo.

Los ejemplos que nos ofrece la jurisprudencia para ilustrar estos conceptos nos permitirán una mayor comprensión de los mismos.

De este modo, se considera la presencia del elemento del engaño en supuestos en los que una persona aparenta solvencia de su empresa para conseguir aportaciones económicas; finge ser trabajador y despedido de una empresa para cobrar el subsidio de desempleo; provocar un incendio para obtener indemnización de compañía aseguradora; tratar de convencer a la víctima de que entregase una cantidad de dinero con el señuelo de obtener lo que aparentaba ser un paquete de billetes de un valor muy superior (modalidad del *timo de la estampita*); solicitar a empresas cantidades elevadas de suministro para sin pagarlas declararse en suspensión de pagos (modalidad del *timo del Nazareno*).

También es ilustrativa de la idoneidad que debe tener el engaño, el caso en el que una persona retira fondos de una entidad bancaria haciéndose pasar por la titular de la libreta de ahorros sin serlo, en el que se absuelve a dicha persona por entender que lo que hubo fue una falta de observación de las pautas de precaución bancaria por parte de la empleada de la entidad.

Para castigar por este delito es necesario que el importe de lo defraudado exceda de las cincuenta mil pesetas. Por debajo, será, en su caso, constitutivo de una falta.

Existen, además, una serie de casos en los que se impondrá una pena superior que puede alcanzar los seis años de prisión:

— cuando recaiga sobre cosas de primera necesidad o vivienda; en el caso de la vivienda conviene tener presente que no se apreciará esta modalidad agravada cuando se trate de vivienda para segundo uso o finalidad de recreo;
— cuando se realice con simulación de pleito u otro fraude procesal (por ejemplo, presentar un escrito en el juzgado de primera instancia en el que se alegue que se había pagado una deuda y se solicite la suspensión de la subasta, habiendo sustraído previamente una letra de cambio de las actuaciones civiles, alegando que la había pagado al acreedor);
— cuando se realice mediante cheque, pagaré, letra de cambio en blanco o negocio cambiario ficticio; cabe destacar que si bien el nuevo Código penal ha eliminado el delito de libramiento de cheque en descubierto (sin fondos), buena parte de las conductas delictivas cometidas mediante cheques sin fondos eran constitutivas en realidad de una estafa con lo que sigue dispensándose protección penal a estos supuestos (máxime teniendo en cuenta que se les aplica una penalidad superior que a los supuestos de estafa común);
— cuando se perpetre abusando de firma de otro u ocultando o inutilizando algún proceso o documento;
— cuando recaiga sobre bienes que integren el patrimonio artístico, histórico, cultural y científico;
— cuando revista especial gravedad, atendido el valor de lo defraudado y la situación en que se deja a la víctima o a su familia, como estafar dos millones de pesetas (12.020,24 euros) a un pensionista;
— cuando se cometa abuso de las relaciones personales existentes entre víctima y defraudador.

En el mundo inmobiliario encontramos una modalidad específica del delito de estafa que constituye el atribuirse falsamente sobre una cosa mueble o inmueble una facultad de disposición de la que se carece para proceder a su enajenación, gravamen o arrendamiento a tercero. Así, por ejemplo, hipotecar una finca vendida previamente en documento privado.

Igualmente los supuestos en los que se dispone de una cosa ocultando la existencia de cualquier carga sobre la misma, o habiéndola enajenado como libre de cargas y enajenarla nuevamente antes de la definitiva transmisión.

Por ejemplo, vender un inmueble ocultando la existencia de arrendatarios; ocultar a los compradores de la existencia de una hipoteca que pesa sobre el piso; o vender un inmueble como libre de cargas cuando en realidad estaba hipotecado.

Por lo que respecta a la apropiación indebida, constituye igualmente una modalidad de defraudación y viene definida como la acción de apropiación o sustracción de dinero, efectos, valores o cualquier otra cosa mueble que se hubiere recibido en depósito, comisión o administración o por otro título que produzca obligación de entregarlo o devolverlos, o negaren haberlos recibido. Un ejemplo clásico lo constituye el del administrador de fincas que cobra por cuenta del propietario unos alquileres y, en lugar de liquidárselos a este, se los queda para sí.

Cabe tener presente que, para que estemos en presencia de un delito, la cuantía defraudada debe ser superior a 50.000 pesetas (300 euros). Si es inferior, constituiría, en su caso, una falta.

En general, pues, debe tratarse de supuestos en los que una persona reciba dinero (principal y habitualmente) con obligación de entregarlo a un tercero y, en lugar de ello, se lo apropie para sí. Un caso claro lo sería, por ejemplo, aquel en el que un gestor administrativo se apropia de las sumas entregadas por su cliente para pagar impuestos o cuotas de la Seguridad Social.

La promulgación del Código penal de 1995 ha introducido en el capítulo dedicado a los delitos societarios una conducta parecida que puede inducir a confusión. Es la contemplada en el artículo 295, que se ocupa de la conducta llevada a cabo por un administrador de una sociedad consistente en disponer fraudulentamente de bienes de la sociedad que tenga en administración.

Alzamiento de bienes y quiebra fraudulenta

Nos referiremos a continuación a conductas delictivas que tienen en común el ir referidas a supuestos en los que el sujeto activo del delito se insolventa para perjudicar a sus acreedores. El capítulo del Código penal en que se encuentran las mismas se denomina «De las insolvencias punibles».

La más conocida es el alzamiento de bienes que, en la regulación ofrecida por el Código penal de 1995, puede revestir dos modalidades:

— el alzamiento de bienes en sentido estricto: el que se alzare con sus bienes en perjuicio de sus acreedores;
— el llamado *alzamiento procedimental*, es decir, el que con la finalidad de perjudicar a sus acreedores realice cualquier acto de disposición patrimonial o generador de obligaciones que dilate, dificulte o impida la eficacia de un embargo o de un procedimiento ejecutivo o de apremio iniciado o de previsible iniciación.

Un aspecto que conviene resaltar es el hecho de que la conducta únicamente será punible en el supuesto de que se ejecute para perjudicar a los acreedores. Así, el caso de una persona que vende sus bienes, pero conserva otros suficientes para hacer frente al pago de sus deudas, no integraría esta figura delictiva; del mismo modo que aquella persona que vende un bien gravado para hacer frente con el producto obtenido a sus acreedores y evitar de esta manera una subasta que le reportaría ingresar una cantidad menor que si lo vendiese él directamente.

Es decir, estos delitos no se cometen simplemente por la mera imposibilidad de hacer frente a las obligaciones, sino por el hecho de efectuar determinadas conductas sobre el patrimonio que tiendan a impedir el pago de las deudas.

En la jurisprudencia se encuentran multitud de supuestos de los que destacamos por su clara comprensibilidad aquellos en los que una persona vende todas sus fincas para sustraerlas a la acción de los acreedores, con el propósito de defraudarles.

Conviene tener presente que, en ocasiones, esta figura delictiva irá aparejada a la realización de otras. Así, es frecuente que al tiempo que una persona cometa un alzamiento de bienes cometa también una estafa, según ilustra la jurisprudencia en multitud de casos.

Por lo que respecta al delito de quiebra fraudulenta, viene definida como aquella situación de quiebra, concurso o suspensión de pagos que haya sido causada o agravada dolosamente por el deudor o persona que actúe en su nombre. En cualquier caso, es preciso partir del hecho de que para emprender una acción penal por este delito es necesario que el deudor haya sido declarado en estado de quiebra, concurso o suspensión de pagos.

Merece la pena destacar la novedosa inclusión del supuesto de la suspensión de pagos en relación con la anterior regulación, así como la clara exigencia del elemento de la intencionalidad (*dolosamente*) y el hecho de que se ha desvinculado la posibilidad de perseguirla de la decisión adoptada por el juez civil.

Junto a la figura principal de quiebra fraudulenta, se introduce otra modalidad delictiva consistente en la alteración de datos contables con el fin de lograr la declaración del proceso de ejecución concursal.

Delitos societarios

La nueva realidad en la que se desenvuelve el giro y el tráfico de las empresas, en la que las sociedades mercantiles, sobre todo las anónimas, han devenido un auténtico motor de progreso desempeñando un papel fundamental en el sistema de la economía de mercado, ha convertido en ineficaz e insuficiente el catálogo de delitos patrimoniales tradicionales para poder otorgar cobertura a todas las situaciones delictivas que se presentan en el seno de las mismas (sociedades ficticias, vacías, creación de sociedades con el fin de eludir el pago de impuestos, control de minorías, etc.). Para dar respuesta a esas nuevas necesidades, se ha creado un capítulo específico destinado a los delitos societarios.

Veamos las distintas modalidades delictivas contempladas.

FALSIFICACIÓN DE CUENTAS ANUALES
Y OTROS DOCUMENTOS CONTABLES

Los administradores de hecho o de derecho de una sociedad constituida o en formación, que falsearen las cuentas anuales u otros documentos que deban reflejar la situación jurídica o económica de la entidad para causar un perjuicio a los socios o a terceros serán castigados con la pena de prisión de uno a tres años.

Así, pues, la conducta delictiva llevada a cabo tiende a ocultar a los socios o a terceros la verdadera situación real de la entidad y lo que se pretende proteger es el denominado principio de la imagen fiel. Por ello, no será constitutiva de delito cualquier irregularidad o error en la documentación, sino sólo las falsedades que impidan conocer la verdadera situación de la sociedad.

ADOPCIÓN DE ACUERDOS PERJUDICIALES
PARA LA SOCIEDAD O LOS SOCIOS

Se castiga la conducta de quienes prevaliéndose de su situación mayoritaria en la sociedad impongan acuerdos abusivos en perjuicio de los demás socios.

NEGATIVA O IMPEDIMENTO AL DERECHO DE LOS SOCIOS

Comprende las conductas consistentes en la negación sin causa legal que lo justifique a los socios del ejercicio de sus derechos de información, participación o control de la actividad social.

NEGATIVA O IMPEDIMENTO A LA INTERVENCIÓN
DE LA ADMINISTRACIÓN

Se incluye la conducta de negar o impedir la actuación de las personas, órganos o entidades inspectoras o supervisoras.

ADMINISTRACIÓN DESLEAL DE LA SOCIEDAD

Ya la vimos al referirnos a la apropiación indebida. Esta modalidad delictiva recoge los supuestos en los que un administrador dispone fraudulentamente de bienes de la sociedad. También se vio la manera de solucionar su posible superposición con el delito de apropiación indebida de acuerdo con las reglas contenidas en el artículo 8 del Código penal: optar por el precepto que imponga una sanción mayor.

Delitos contra la Hacienda Pública y la Seguridad Social

El Código penal considera como tales el delito fiscal y la defraudación a la Seguridad Social.

Delito fiscal

Se trata de una figura penal nacida como instrumento para luchar contra el fraude fiscal, y prevé la comisión de diversas conductas punibles:

— eludir el pago de tributos;
— eludir el ingreso de cantidades retenidas;
— obtención indebida de devoluciones;
— disfrute indebido de beneficios fiscales.

En todos los casos expuestos, para que estemos en presencia de una conducta constitutiva de delito el importe de lo defraudado debe ser superior a quince millones de pesetas (90.003,60 euros). Si la cuantía defraudada mediante la realización de alguna de las conductas descritas anteriormente no alcanza esa cifra, la conducta constituirá, en su caso, únicamente una infracción administrativa que deberá sancionarse por dicha vía.

Cabe tener presente que el castigo por la conducta defraudatoria descrita se impondrá cuando se dirija tanto contra la Administración Tributaria estatal como la autonómica o municipal; y también cuando se cometa contra la Hacienda de la Comunidad Europea.

En todos esos casos se regula un supuesto de lo que se denominan *excusas absolutorias*; es decir, la propia norma penal prevé dejar sin castigo esas conductas siempre que el sujeto activo del delito proceda conforme se le indica en la norma. En este caso, está previsto dejar sin castigo al que cometa un delito fiscal siempre que regularice su situación tributaria (o sea, pague) antes de que por parte de la Administración tributaria se le notifique el inicio de actuaciones de inspección o antes de que se haya interpuesto querella o denuncia por parte del Ministerio Fiscal.

Por esta conducta, está prevista la imposición de una pena de prisión de uno a cuatro años así como el pago de una importante multa que puede alcanzar el séxtuplo de la cuantía defraudada.

Fraude a la Seguridad Social

Esta figura penal tiene su origen igualmente en la propia necesidad de proteger el patrimonio de la Seguridad Social y contempla un abanico de posibles conductas punibles:

— eludir el pago de cuotas sociales;
— obtener indebidamente devoluciones;
— disfrutar indebidamente de deducciones.

También en este caso el importe de la defraudación deberá ser superior a quince millones de pesetas para que estemos en presencia de una conducta delictiva.

Se prevé, asimismo, una posibilidad de quedar exento de pena si se produce la regularización de la situación ante la Seguridad Social antes de la notificación del inicio de actuaciones inspectoras o antes de la interposición de la querella o denuncia por parte del Ministerio Fiscal.

Delitos contra los consumidores

El Código penal establece dos tipos de delitos contra los consumidores: la publicidad engañosa y la adulteración de alimentos.

Publicidad engañosa

Es el denominado *delito publicitario* y castiga a aquellos comerciantes o fabricantes que en sus ofertas de publicidad hagan alegaciones falsas o manifiestan características inciertas sobre los mismos de modo que, con ello, puedan causar un perjuicio grave y manifiesto a los consumidores.

Dicha conducta se castigará con la pena de prisión de seis meses a un año.

Se trata en suma de un importante refuerzo a lo que ya disponía sobre el particular la Ley de Defensa de Consumidores y Usuarios (artículo 13) que imponía un deber de veracidad en la información de toda índole que se ofrezca a los consumidores.

Adulteración de alimentos

Están regulados en el capítulo que regula las conductas que atentan contra la salud pública que se erige, en este caso, como bien jurídico protegido y contemplan todas aquellas conductas que consistan en la adulteración de alimentos o bebidas con aditivos u otros agentes de forma que con ello se ponga en peligro la salud de las personas; igualmente se castiga al que fabrique o venda alimentos o bebidas nocivos para la salud.

Delito de tráfico de drogas

Sin duda es uno de los máximos exponentes del hecho de que, en ocasiones, es más fácil intentar solucionar un problema acudiendo al Derecho Penal que no abordarlo desde una óptica política y social que, con gran probabilidad, arrojaría unos resultados más satisfactorios.

La descripción de las conductas punibles se realiza de una manera tan inconcreta y amplia que permite cobijar bajo un mismo enunciado conductas de autoría y participación así como supuestos en los que el hecho se consuma y supuestos en los que el mismo queda en tentativa, imponiendo a todos ellos la misma pena.

Así, la conducta punible viene descrita del siguiente modo: los que ejecuten actos de cultivo, elaboración o tráfico o de otro modo promuevan, favorezcan o faciliten el consumo ilegal de drogas o las posean con aquellos fines.

Al amparo de esta descripción, el Tribunal Supremo ha castigado como autores a personas que en cualquier otro delito serían considerados como meros partícipes. Por ejemplo a los llamados *correos de la droga*: es muy frecuente que personas se dediquen a transportar en el interior de su cuerpo cantidades de droga poniendo en riesgo su propia vida.

Se trata de una conducta auxiliar y accesoria respecto del hecho principal y la persona que lo lleva a cabo no aporta nada decisivo al hecho criminal que no sea reemplazable y sustituible por cualquier otra persona; lo que en cualquier otro tipo delictivo representaría ser considerada una actividad de partícipe y no de autor. Pues bien, aquí se castiga como autoría, basándose en la consideración de que es una acto que *favorece* el consumo de drogas y suelen imponerse a sus responsables condenas que pueden alcanzar los trece años de prisión.

Ello, no obstante, a la vista de la desproporción de las penas que se ha creado y de las injusticias a que ello conlleva, el Tribunal Supremo está despenalizando una serie de conductas que antes castigaba, como por ejemplo el consumo compartido entre varias personas, o la introducción en un centro penitenciario por parte de un familiar del interno de una pequeña cantidad de droga para consumo exclusivo de este último, basándose en el argumento de que en estos supuestos la salud pública que es el bien jurídico protegido en estos delitos no queda afectada (sólo quedaría afectada la salud particular de las personas que cometen el hecho).

Igualmente con frecuencia, los propios tribunales sentenciadores promueven la concesión de un indulto a la persona que condenan. Es decir, le imponen la pena que señala el Código porque así lo marca la ley pero, al mismo tiempo, entienden que la misma es desproporcionada y elevan una propuesta de indulto al Ministro de Justicia para que le rebaje o condone la pena.

Como novedad para la lucha contra este tipo de conductas delictivas, el Código de 1995 incorpora la previsión de poder rebajar de forma sustancial la pena del responsable de un hecho de esta naturaleza si colabora con la justicia, permitiendo la obtención de pruebas que permitan la detención de otros responsables.

También merece la pena destacarse la interpretación ofrecida de forma pacífica por el Tribunal Supremo respecto del hecho de que el delito de tráfico de drogas absorbe el de contrabando, evitando la duplicidad de castigos que se producía anteriormente, en que a una persona que introducía droga en España proveniente de otro país, además de la pena por delito de tráfico de drogas se le imponía la correspondiente al delito de contrabando.

En el caso de súbditos extranjeros, conviene tener presente la previsión contenida en el artículo 89 del Código penal relativa a que las penas privativas de libertad inferiores a seis años impuestas a un extranjero no residente legalmente en España (caso normal de los *correos de la droga*) podrán ser sustituidas por su expulsión del territorio nacional. Igualmente podrá tener lugar dicha expulsión si la pena impuesta es superior a seis años en el caso de haberse cumplido las tres cuartas partes de la condena.

Delito de conducción bajo la influencia de bebidas alcohólicas

Se trata de una de las figuras delictivas que ha suscitado más debate y polémica en los últimos tiempos, por cuanto se discute también aquí que el Código penal deba ser el instrumento utilizado para luchar contra este tipo de conductas sustituyendo a la necesaria educación vial.

En cualquier caso, desde su aparición han sido numerosas las condenas recaídas por la comisión de este delito y su aplicación en alguna medida está contribuyendo a que se tome conciencia de que un vehículo de motor en según qué manos y en según qué condiciones puede ser un instrumento tanto o más peligroso que un arma de fuego.

Lo que se castiga es la conducción *bajo la influencia* de bebidas alcohólicas por lo que es claro que se debe evitar una aplicación automatizada del tipo penal descrito en el artículo 379 del Código penal, puesto que además de una determinada concentración alcohólica, es preciso que esa circunstancia influya o se proyecte en la conducción. Por tanto, esa influencia en la conducción constituye un elemento normativo del tipo penal que deberá comprobarse en cada caso concreto.

Por ello, en supuestos en los que la tasa de alcohol detectada nos sitúa en la mera probabilidad (a efectos médico legales, sólo se estima como cierta la influencia de la tasa de alcohol sobre la conducción a partir de 2,0 por mil; por debajo de la misma, la influencia sobre la conducción es únicamente probable) respecto de su influencia sobre la conducción, será necesario algún dato más para estimar acreditada la concurrencia de dicha influencia.

Es decir, por la distinta constitución física y resistencia o aguante de la bebida, puede ser distinta la influencia sobre la conducción de una persona respecto de otra. Así, puede ser que una persona no está en condiciones de conducir tras la ingesta de dos cervezas mientras que otra, habiéndose tomado cinco, estará plenamente facultado para gobernar su vehículo.

Otro pilar sobre el que se asienta un buen número de condenas es la diligencia de síntomas externos que levantan los agentes en el atestado. En ella, los agentes refieren los signos externos del conductor, tales como si los ojos están brillantes, si existe olor a alcohol, si el habla es vacilante o embrollada, si la persona mantiene la verticalidad, etc. No obstante, la jurisprudencia está matizando el real alcance de dichas manifestaciones en el sentido de entenderlas como simples impresiones subjetivas de los agentes que requieren venir refrendadas por otros elementos probatorios.

El aspecto que ha generado mayor controversia es el hecho de que la negativa al sometimiento a las pruebas de detección alcohólica se castiga como un delito de desobediencia con penas de hasta un año de prisión.

Al respecto, cabe tomar en consideración los pronunciamientos jurisprudenciales de las audiencias provinciales en relación con la interpretación del tipo contenido en el artículo 380 del Código penal, en el sentido de exigir un requerimiento verificado de forma clara por parte del agente, informando al conductor de las consecuencias penales que puedan derivarse de la resistencia a la realización de la prueba.

En todos estos casos, se deja bien claro que el agente al requerir a la persona al sometimiento de las pruebas de alcoholemia debe informar e indicar con toda claridad al requerido que su negativa al mismo puede comportarle la imposición de una pena de prisión, ya que si se hiciese de manera distinta no podría imponerse ninguna pena.

Delitos cometidos por funcionarios

El Código penal considera como tales la prevaricación, la malversación de caudales públicos y el tráfico de influencias.

Conviene tener presente los conceptos que, sobre autoridad y funcionario público, maneja el Código penal, los cuales vienen definidos en su artículo 24. Así se considera:

— autoridad al que por sí solo o como miembro de alguna corporación, tribunal u órgano colegiado tenga mando o ejerza jurisdicción propia (en todo caso, tendrán dicha consideración, los miembros del Congreso de los Diputados, del Senado y los Funcionarios del Ministerio Fiscal);

— funcionario público será toda aquella persona que bien por disposición inmediata de la ley o bien por nombramiento de una autoridad competente participe en el ejercicio de funciones públicas, sea cual fuere su actividad.

Prevaricación

Debemos distinguir la cometida por un funcionario público de la cometida por un juez o magistrado.

La autoridad o funcionario público que, a sabiendas de su injusticia, dictare una resolución arbitraria en un asunto administrativo será castigada con la pena de inhabilitación especial por espacio de siete a diez años.

La jurisprudencia del Tribunal Supremo ha declarado que, para estar en presencia de este delito, la injusticia de la resolución debe ser evidente, flagrante y clamorosa.

También está prevista la conducta consistente en las denominadas *designaciones a dedo* que se castigará con la pena de multa y suspensión de empleo o cargo público por un periodo de hasta dos años.

Deben distinguirse estos supuestos de los denominados de *cohecho* o soborno; es decir, aquellos casos en los que un funcionario administrativo solicita una dádiva o presente para realizar una determinada acción en el ejercicio de su cargo.

Por su parte, incurrirá también en prevaricación el juez o magistrado que a sabiendas dictare sentencia o resolución injusta. En estos casos, la pena a imponer podrá ser de hasta cuatro años de prisión (cuando se trate de sentencias dictadas en causa criminal y hayan comportado el ingreso en prisión del condenado injustamente).

Si la resolución injusta no se emite dolosamente sino por negligencia o ignorancia inexcusable, la pena a imponer será sensiblemente menor y comportará la inhabilitación especial por tiempo de seis meses a cuatro años.

Malversación de caudales públicos

Constituye sin duda una modalidad de hurto o apropiación indebida, por cuanto se castiga a la autoridad o funcionario público que, con ánimo de lucro, sustrajeren caudales o efectos públicos que tengan a su cargo por razón de sus funciones.

Dichas conductas se castigarán con penas de tres a seis años de prisión que, si se comparan con las señaladas para los delitos de apropiación indebida (máximo de cuatro años para los supuestos no agravados), se aprecia el plus de pena que se asigna al hecho por razón de haber sido cometido por aquella persona a quien se presume un mayor celo en el cumplimiento de sus funciones, máxime tomando en consideración que gestiona fondos *de todos*.

Existe una variante de dicho delito que consiste en el destino a usos ajenos a la función pública de los caudales o los efectos puestos a su cargo por razón de sus funciones. Por esta razón se procesó a una alta responsable de un ente público que destinó fondos a la compra de vestuario particular, si bien a la postre resultó absuelta por el Tribunal que la juzgó.

Otra variante, también conocida por un célebre caso protagonizado por el hermano de un alto cargo del gobierno, consiste en dar fines privados a inmuebles pertenecientes a una administración.

Tráfico de influencias

Se trata de un delito que tanto pueden cometer funcionarios como particulares, pero que reviste mayor gravedad cuando es cometido por funcionarios públicos y se produce cuando un funcionario, o un particular, aprovechando su relación personal, o cualquier otra situación que le facilite la acción, con otro funcionario, la utilice para lograr cualquier beneficio económico para sí o para tercero. Por ejemplo, la concesión de una subcontrata de obras sin cumplir con los requisitos de la misma, por razones de amistad personal con el responsable de dicha adjudicación.

Es en opinión de algunos autores una figura delictiva de capital importancia para reforzar la fe en los mecanismos del estado de derecho por el que constitucionalmente nos regulamos.

Se trata, como veremos más adelante, de uno de los delitos por los que el enjuiciamiento se producirá por el tribunal del jurado.

Delitos contra el deber de cumplimiento de la prestación social sustitutoria

Esta materia ha sufrido una importante modificación respecto de la regulación contenida en el Código de 1995; en particular la LO 7/98 de 5 de octubre ha introducido una modificación sustancial, que ha sido la supresión de la pena de prisión para este tipo de delitos.

Ahora se castiga (artículo 528 del Código penal) con la pena de inhabilitación especial para empleo o cargo público al objetor reconocido que incurra en alguna de las siguientes conductas:

— no se presente sin causa justificada al cumplimiento del servicio que se le asigne, siempre que haya transcurrido más de un mes;

— el que hallándose incorporado al servicio deje de asistir al mismo sin justa causa por más de veinte días consecutivos o treinta no consecutivos;

— incorporarse al servicio, negándose a cumplirlo, sea de modo explícito o por actos concluyentes.

La propia LO 7/98 modifica igualmente la regulación de los delitos contra la prestación del servicio militar (artículo 604 del Código penal) castigando con pena de inhabilitación especial para empleo o cargo público por tiempo de cuatro a seis años al que, citado legalmente para el cumplimiento del servicio militar, no se presente sin causa justificada o retrase su incorporación por un tiempo que sea superior a un mes. Se impondrá la misma pena al que manifieste su negativa a cumplir con el servicio militar sin causa legal alguna que le exima de ello.

Otros delitos

Bajo esta rúbrica procederemos seguidamente a examinar los aspectos más relevantes de otras figuras delictivas que, de este modo, podrán ser tratadas de manera autónoma a fin de realizar su importancia.

Omisión del deber de socorro

El artículo 195 del Código penal castiga con pena de multa al que no socorriere a una persona que se hallare desamparada y en peligro manifiesto y grave, cuando pudiere hacerlo sin riesgo propio ni de terceros. También se castigará con la misma pena al que, impedido de prestar socorro, no demande con urgencia auxilio ajeno.

Se trata, pues, de una figura delictiva que tiende a reforzar los deberes de solidaridad que deben impulsar a las personas a prestarse ayuda mutua en situaciones de necesidad. El ejemplo más común es el de la persona que presencia un accidente de circulación en una carretera solitaria por la que apenas circulan vehículos y, en lugar de ayudar a los pasajeros del vehículo accidentado o solicitar ayuda a terceros, sigue su camino haciendo caso omiso de la necesidad de ayuda que tienen los accidentados, abandonándoles a su suerte.

La variante que se castiga con más rigor (pena de prisión y multa) es la que se refiere a los supuestos en los que la persona que omite el socorro es la que ha causado el accidente, como por ejemplo, el conductor que atropella a un peatón y se da a la fuga.

Delito de usurpación

Es el delito con el que se castiga a los llamados *okupas*, y la conducta punible consiste en ocupar sin autorización debida un inmueble, vivienda o edificio ajenos que no constituyan morada.

Es un delito cuya existencia ha generado mucha polémica, al estar implicado el derecho que tiene toda persona a una vivienda, pero las estadísticas muestran que ha resultado más eficaz para solucionar este tipo de situaciones que los medios que existían anteriormente, en que la situación debía tratar de solucionarse por la vía civil, lo cual eternizaba el problema y casi nunca le daba solución.

Más que la pena en sí, que consiste en una sanción económica (multa), y, por tanto, tiene un escaso valor intimidatorio para las per-

Apropiarse de la cosa ajena	
Robo ➡	Con violencia o intimidación
Hurto ➡	Sin violencia o intimidación
Usurpación ➡	Cosa inmueble

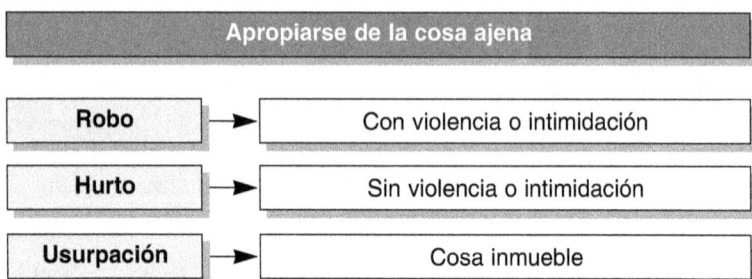

sonas que llevan a cabo este tipo de acciones, la virtualidad de la existencia de este delito es que permite a los jueces actuar para proceder al desalojo de las personas que ocupan un inmueble, con el fin de evitar la perpetuación de la comisión del delito, ya que todo juez tiene el deber de impedirla.

Delito contra los derechos de los trabajadores

Esta figura delictiva contempla distintas modalidades de comisión del delito. Así, se castiga a los que:

— mediante engaño o abuso de situación de necesidad impongan a los trabajadores condiciones laborales que restrinjan o supriman los derechos que tengan reconocidos por contrato, leyes o convenio;
— los que, con conocimiento de ello, en supuestos de transmisión de empresas, mantengan las condiciones referidas en el apartado anterior y que hayan sido impuestas por el anterior titular de la empresa;
— los que trafiquen de manera ilegal con mano de obra;
— los que produzcan alguna *discriminación* en el empleo por razón de sexo, ideología, raza, orientación sexual o minusvalía física; en estos casos, la pena a imponer podrá alcanzar hasta los dos años de prisión;

— los que impidan o limiten el ejercicio de la libertad sindical o el derecho de huelga;
— los que desatiendan o infrinjan las normas de prevención de riesgos laborales.

Falso testimonio

En este delito se castiga al testigo que faltare a la verdad en su testimonio en un procedimiento judicial. También se castiga al que presente testigos falsos en un juicio o al que presente documentos falsos, siempre que tenga conocimiento de dicha circunstancia.

Es importante distinguir entre un acusado y un testigo, por cuanto el acusado, en tanto que amparado por el derecho a la presunción de inocencia y a no declarar contra sí mismo, tiene la facultad procesal de no decir la verdad, mientras que la situación de un testigo es radicalmente distinta por cuanto este sí que viene obligado a decir la verdad so pena de incurrir en el delito de falso testimonio y serle impuesta pena de prisión. De hecho, antes de prestar su testimonio, el juez siempre advierte previamente al testigo del deber que tiene de decir la verdad so pena de incurrir en el referido delito y poder ir a la cárcel.

Realización arbitraria del propio derecho

Con esta figura delictiva se castiga a los que, para realizar un derecho propio, actúan al margen de las vías legales y utilizan para ello violencia, intimidación o fuerza en las cosas.

Es el caso frecuente del acreedor que, harto de que su deudor le esquive a la hora de pagarle lo que le debe, se persona en las oficinas del mismo y le arrebata objetos personales para cubrir el importe de la deuda, en lugar de acudir a las correspondientes vías legales (demanda civil para reclamar el pago del importe de la deuda).

Delitos contra el medio ambiente

También suelen denominarse *delitos ecológicos* y con ellos se castiga principalmente la conducta de las personas que realicen emisiones, vertidos o radiaciones en la atmósfera, suelo, subsuelo o las aguas. Igualmente se castiga el establecimiento de depósitos o vertederos de desechos, residuos o líquidos tóxicos o peligrosos o que puedan perjudicar el equilibrio de los sistemas naturales o la salud de las personas.

En estos casos, la pena se podrá agravar si se hubiere desobedecido previamente las órdenes de la autoridad administrativa al respecto.

Las faltas

Según vimos en el primer capítulo, las faltas vienen definidas junto con los delitos en el artículo 10 del Código penal como aquellas «acciones y omisiones dolosas o imprudentes penadas por la ley».

En su momento ya analizamos las distintas partes que componen esta definición; ahora nos corresponde únicamente resaltar que las faltas son, por tanto, conductas punibles. Se trata de conductas incluidas en el Código penal como merecedoras de una sanción penal por cuanto tienen la suficiente entidad e importancia para el normal desarrollo de la convivencia entre las personas que se las reprime con los medios más drásticos, como la imposición de una sanción de naturaleza penal.

Pero, según expusimos, la diferencia con los delitos radica en la menor entidad de las faltas que se traduce en un menor rigor sancionatorio; es decir, las penas que se asignan a las faltas son muchísimo más leves que las previstas para los delitos.

Otro aspecto importante que conviene recordar es que, a diferencia de lo que sucede con los delitos, una condena por faltas no deja constancia en la hoja de antecedentes penales del condenado, con lo que no le causará los graves perjuicios que le podría comportar su anotación en la misma, básicamente en el ámbito laboral.

En las sucesivas reformas que se han ido operando en los últimos años sobre el Código penal, y sobre todo la que representó la promulgación del nuevo texto mediante la LO 10/95, se ha ido reduciendo el catálogo de conductas que se estiman constitutivas de falta, en lo que ha constituido un claro proceso de despenalización de determinadas conductas en atención a su escasa lesividad social y a la existencia de medios alternativos para combatirlas al margen del Derecho Penal que, de esta manera, queda reservado para la protección de aquellos intereses más fundamentales de la sociedad y que no pueden protegerse eficazmente por otros medios.

Así, el catálogo de conductas constitutivas de falta es mucho más reducido que el de los delitos; a continuación lo analizaremos con más detalle.

Clasificación

El Código penal considera los siguientes tipos:

— faltas contra las personas;
— faltas contra el patrimonio;
— faltas contra los intereses generales;
— faltas contra el orden público.

Faltas contra las personas

Dentro de esta categoría se engloban las lesiones, los malos tratos, la denegación de auxilio, la desatención a los ancianos, las amenazas, injurias, coacciones o vejaciones de carácter leve, y, por último, las lesiones causadas por imprudencia.

LESIONES

Serán constitutivas de falta aquellas lesiones que no puedan incardinarse en la definición de delito; es decir, aquellas cuya sanidad únicamente requiera una sola asistencia facultativa y no precise tratamiento médico o quirúrgico.

Así, la lesión consistente en una leve contusión en la cara producida por un puñetazo que no precise para su curación más que una primera y única asistencia médica y no requiera tratamiento médico o quirúrgico, será constitutiva de una falta, se enjuiciará por el procedimiento previsto para las faltas y se le aplicará la pena prevista. Las faltas de lesiones se castigarán con la pena de arresto de tres a seis fines de semana o una multa de uno a dos meses. Si se compara con la pena prevista para el delito de lesiones (pena de prisión de seis meses a tres años que, en determinados supuestos agravados, puede alcanzar los seis años de prisión).

MALOS TRATOS

Para los casos en los que una persona golpee o cause malos tratos de obra a otra sin llegar a producirle ninguna lesión, está prevista esta falta a la que se impone una pena de arresto de uno a tres fines de semana o multa. Si los golpes o malos tratos se proyectan sobre el cónyuge o hijos la pena será superior (puede alcanzar el arresto hasta seis fines de semana).

DENEGACIÓN DE AUXILIO

En este supuesto se castiga a la persona que, al encontrar abandonado a un menor de edad o a un incapaz, no lo presenten a la autoridad o a su familia o, en su caso, no le presten la ayuda que las circunstancias requieran. Se trata por lo tanto de una nueva previsión efectuada por el Código para fomentar los lazos de solidaridad entre las personas, al imponer este particular deber de auxilio.

DESATENCIÓN A LOS ANCIANOS

En la línea de la conducta descrita en el apartado precedente, se castiga a los que dejen de prestar asistencia a una persona de edad avanzada o discapacitada que se encuentre desvalida y dependa de sus cuidados. Está claro quiénes son los destinatarios más inmediatos de esta previsión normativa: los hijos o instituciones que tienen bajo su cuidado a los padres ancianos y se despreocupan de ellos sumiéndolos en auténticos estados de abandono.

Amenazas, injurias, coacciones o vejaciones de carácter leve

La pena asignada a estas conductas es la de multa. La dificultad se presentará en ocasiones a la hora de determinar y definir el carácter de leve o grave de estas conductas; ello no obstante, suele ser de gran utilidad el contexto y situación concreta en que se profieren las mismas a fin de precisar su mayor o menor entidad.

Lesiones causadas por imprudencia

En este apartado conviene destacar la previsión relativa a que dichas lesiones sean *causadas por vehículos a motor* o ciclomotores. En el apartado siguiente se tratará con más detalle este tipo de faltas.

Faltas contra el patrimonio

Se consideran como tales el hurto, el hurto de uso de vehículo de motor, la estafa, apropiación indebida o defraudación de agua, gas y electricidad, y los daños.

Hurto

Se apreciará cuando el valor de la cosa hurtada sea igual o inferior a 50.000 pesetas (por encima de esa cantidad, recordemos, el hecho será constitutivo de delito).

HURTO DE USO DE VEHÍCULO DE MOTOR

Igualmente para su apreciación, el valor del vehículo deberá ser inferior a 50.000 pesetas (300 euros).

ESTAFA, APROPIACIÓN INDEBIDA O DEFRAUDACIÓN DE AGUA, GAS, ELECTRICIDAD

Se considerará una falta, y no un delito, en caso de que la cuantía no sea superior a 50.000 pesetas (300 euros).

DAÑOS

El importe no deberá exceder de 50.000 pesetas (300 euros).

Faltas contra los intereses generales

El Código penal considera faltas contra los intereses generales la expedición de moneda falsa, el abandono de jeringuillas, dejar animales peligrosos sueltos y los malos tratos a los animales.

EXPEDICIÓN DE MONEDA FALSA

Se castiga al que, habiendo recibido de buena fe moneda falsa por importe no superior a 50.000 pesetas (300 euros), la expenda a sabiendas de su falsedad.

ABANDONO DE JERINGUILLAS

Se castiga particularmente el supuesto de abandono en lugares frecuentados por menores (por ejemplo, parques públicos).

DEJAR ANIMALES PELIGROSOS SUELTOS

Se trata de una conducta de desgraciada actualidad que ha motivado que algunas comunidades autónomas hayan creado leyes específicas para combatir estos supuestos. En particular, se contempla y sanciona la conducta consistente en dejar sueltos a dichos animales peligrosos o en condiciones de causar mal, ya se trate de áreas pobladas o no.

MALOS TRATOS A ANIMALES

Se contempla tanto el maltrato a animales domésticos como a animales que se utilicen en espectáculos no autorizados legalmente (por ejemplo, las peleas de animales).

Faltas contra el orden público

Se consideran como tales la perturbación del orden en un tribunal, la desobediencia leve a los agentes de la autoridad, el allanamiento de un establecimiento mercantil, la carencia del seguro obligatorio y el uso indebido de uniforme.

PERTURBACIÓN DEL ORDEN EN UN TRIBUNAL

Dentro de esta categoría de faltas se incluyen también las perturbaciones del orden en actos públicos y espectáculos deportivos o culturales.

DESOBEDIENCIA LEVE A LOS AGENTES DE LA AUTORIDAD

Debe de tratarse de supuestos en los que estos se encuentren en el ejercicio de sus funciones.

ALLANAMIENTO DE ESTABLECIMIENTO MERCANTIL

Se apreciará esta conducta ilícita siempre que la misma tenga lugar fuera de las horas de apertura en el domicilio de una persona jurídica, despacho profesional o establecimiento mercantil o local abierto al público.

CARENCIA DEL SEGURO OBLIGATORIO

Se castiga el realizar actividades careciendo del correspondiente seguro obligatorio de responsabilidad civil.

USO INDEBIDO DE UNIFORME

Se incluye también la atribución en público de una cualidad profesional sin disponer del correspondiente título académico.

Consideración de las faltas por lesiones en accidentes de tráfico

Se trata, por desgracia, de casos demasiado frecuentes en la actualidad y que incluso han dado lugar a una normativa específica para regular las indemnizaciones que, en concepto de responsabilidad civil, deben abonarse en favor de los lesionados.

Cuando una persona sufre un accidente de circulación a resultas del cual padece unas lesiones, lo primero que tiene que hacer es interponer la correspondiente denuncia ante el juzgado de la localidad en la que ha tenido lugar el accidente, por cuanto se trata de un requisito de obligado cumplimiento para la persona que resulte perjudicada.

Los datos que se incluyen en la denuncia relativos al responsable del accidente (nombre, DNI, compañía aseguradora y número de póliza) se extraen del atestado que levantarán los agentes de la

Guardia Urbana o de la Guardia Civil que se encarguen de ello y que tienen el deber de facilitar una copia al interesado o sus familiares.

El plazo de que dispone el accidentado o sus familiares (en caso de que esté hospitalizado o bien haya fallecido a consecuencia del accidente) para interponer la denuncia es el de seis meses que, recordemos, es el plazo señalado por el artículo 131.2 del Código penal para la prescripción de las faltas. Si se deja transcurrir ese plazo, prescribirá la falta y no se podrá reclamar por esta vía, quedando únicamente la opción de la vía civil para la que se dispone de un plazo de un año desde la fecha del accidente.

Una vez presentada la denuncia, el juzgado citará al denunciante para que se ratifique en la misma y, en su caso, amplíe la información sobre los hechos incluida en el escrito de denuncia.

A partir de este momento, el lesionado deberá acudir periódicamente a exámenes médicos a practicar por parte del médico forense adscrito al juzgado (médico forense es, como su nombre indica, el médico del foro; es decir, del juzgado). La razón es bien simple: para evitar informes médicos de favor (amiguismo) que puedan exagerar las lesiones a efectos de tratar por esta vía de lograr una mayor indemnización, el juzgado exige que las lesiones sufridas sean certificadas por *su médico* dada su total imparcialidad respecto de las partes.

No obstante, en determinados supuestos en los que las lesiones sufridas sean de gran complejidad (por ejemplo, lesiones neurológicas), es aconsejable procurarse un informe por parte de un especialista a fin de ilustrar al médico forense y al juez, por cuanto puede suceder que la especialidad del médico forense sea la de traumatología y, por lo tanto, no disponga de conocimientos suficientes para evaluar el alcance de unas lesiones neurológicas.

Una vez el médico forense que ha seguido la evolución de las lesiones sufridas vea que las mismas han alcanzado su total curación o, por contra, vea que han llegado a un punto en el que ya no van a poder mejorar, redacta el informe de alta en el que indicará el total de días que la lesión ha precisado para su sanidad y, en su caso, las secuelas sufridas por el accidentado (lesiones que no podrán curarse y que, por tanto, serán irreversibles). Sobre los datos consignados por el médico forense en su informe de alta, deberá procederse al cálculo de la indemnización correspondiente.

Para ello será de gran utilidad el baremo contenido en la Ley de Ordenación y Supervisión de Seguros Privados (Ley 30/1995 de 8 de noviembre), así como las actualizaciones que anualmente se efectúan sobre el mismo.

En relación con el mismo, cabe advertir que el Tribunal Supremo y las audiencias provinciales han establecido con toda claridad que dicho baremo indemnizatorio *no es vinculante para los órganos judiciales*. Ello, no obstante, la gran mayoría de juzgados de nuestro país, por razones de seguridad jurídica, admiten la cuantificación de daños y secuelas en función de dicho baremo.

Una vez emitido por parte del médico forense el informe de sanidad, el juzgado convocará a las partes al juicio oral, al que no se llegará si, como sucede con frecuencia en la práctica, las partes, principalmente el accidentado y la compañía aseguradora del causante del accidente, han alcanzado un acuerdo sobre la indemnización a pagar por esta última. Si no se produce un acuerdo y se tiene que celebrar el juicio, el accidentado deberá probar que el denunciado fue el responsable del accidente y que, por ello, ha de ser castigado como autor de una falta de lesiones y que, en concepto de responsabilidad civil, deberá abonar una indemnización por los días de baja y secuelas causadas por el accidente.

De dicha indemnización responderá directamente la compañía aseguradora del denunciado, en tanto que responsable civil directa (artículo 117 del Código penal). Si la sentencia es absolutoria por entender que no ha quedado acreditada la responsabilidad del denunciado en la causa del accidente que produjo las lesiones, el juez, en la misma, fijará la cuantía por la que el denunciante puede proceder contra el denunciado por la vía civil (es el llamado *auto ejecutivo*).

Graduación de las penas

Para la aplicación de las penas en función de las circunstancias concurrentes, los jueces y tribunales procederán, dice el artículo

638 del Código penal, según su prudente arbitrio, dentro de los límites de pena fijados en cada falta. Por ejemplo, la falta de hurto tiene asignada una pena de arresto de dos a seis fines de semana. La decisión sobre si se impone una pena de dos fines de semana de arresto o de cinco corresponderá en exclusiva al libre arbitrio del juez.

Por tanto, no son de aplicación a las faltas las reglas sobre determinación judicial de las penas contenidas en los artículos 61 al 72 del Código penal y que analizaremos con detalle al tratar de las figuras de la parte general del Código (por ejemplo, penas en supuestos de tentativa, de concurrencia de atenuantes, agravantes, etc.).

El procedimiento de los juicios de faltas

Viene regulado en los artículos 962 y siguientes de la Ley de Enjuiciamiento Criminal (en adelante, LECRIM), en los términos establecidos por la reforma introducida por la ley 10/92 de 30 de abril de medidas urgentes de reforma procesal.

Las distintas fases del procedimiento son la preparación del juicio, el juicio o vista oral y el recurso de apelación.

Preparación del juicio

El proceso previsto por la LECRIM destaca por su simplicidad y escasez de trámites. Así, según prescribe el artículo 962, luego de tener conocimiento el juez de la comisión de un hecho constitutivo de falta, mandará directamente convocar a las partes a la celebración del juicio.

Es decir, a diferencia de lo que sucede con el enjuiciamiento de hechos constitutivos de delito en los que hay una importante fase de instrucción o investigación de los hechos denunciados, aquí, una vez el juez tiene conocimiento de una denuncia por faltas, directamente señala día para la celebración del juicio en el que se practicarán todas las pruebas que propongan en dicho acto las partes.

A la citación que se haga a los denunciados *(presuntos culpables)* se acompañará copia de la denuncia o una relación sucinta de los hechos en que consista la denuncia indicando al citado que deberá acudir al juicio con las pruebas que tenga. Es decir, si quiere que declaren testigos, deberá cuidar él de avisarles y traerlos al juicio y si quiere aportar algún documento, deberán incorporarlo a la causa en el propio acto del juicio.

Si no se acompaña a la citación ni la copia de la denuncia ni la relación sucinta de los hechos, esta omisión dará lugar a una nulidad de actuaciones por citación defectuosa (sentencia dictada por la Audiencia Provincial de Sevilla el 23 de enero de 1996).

El juicio o vista oral

Vista la práctica inexistencia de fase preparatoria o intermedia, el juicio oral deviene la fase más importante del procedimiento de enjuiciamiento de los hechos constitutivos de falta.

Como todo juicio, será público y se iniciará con la lectura de la denuncia, si la hubiere, y en él se practicarán las pruebas propuestas por el denunciante y el fiscal (si asiste, pues ya veremos que su intervención no es siempre obligatoria), empezando por el interrogatorio de los testigos que propusiere. A continuación se oirá al acusado y se practicará la prueba que en ese acto proponga, empezando igualmente por el examen de los testigos. Tras la práctica de las pruebas propuestas por las partes, cada una de ellas, empezando por el denunciante (y el fiscal, si asiste), expondrá oralmente los argumentos en que fundan sus pretensiones (es el llamado *informe*).

El fiscal puede dejar de asistir al juicio en función de las instrucciones impartidas al respecto por el Fiscal General del Estado, que puede indicar a qué tipo de juicios no es preciso asistir. En caso de que el fiscal no asista, se presenta el problema de la correcta calificación jurídica de los hechos denunciados.

Si el denunciante va asistido de letrado, ello no será ningún problema, pero al no ser preceptiva la intervención de letrado en este tipo de juicios no es infrecuente que los ciudadanos acudan a él sin asistencia letrada. En estos casos, y puesto que es necesario concretar la calificación jurídica de los hechos, la ley establece que el propio juez se podrá encargar de ello.

Esta previsión ha generado mucha discusión por cuanto se obliga al juez que de alguna manera se implique más allá de la estricta imparcialidad que preside su actuación, pues no deja de ser quien tiene que *coadyuvar* con alguna de las partes.

Esta cuestión tiene más trascendencia de lo que en principio pudiera parecer por cuanto una acusación incompleta puede dar lugar a que se desestime la pretensión de la parte. Así lo entendió la Sentencia de la Audiencia Provincial de Burgos de 23 de julio de 1996 en un supuesto en el que la parte acusadora no invocó el concreto precepto penal en que fundaba su acusación y no solicitó imposición de una pena determinada y concreta.

De cada juicio se extenderá un acta en la que constará lo acontecido en el mismo. Al finalizar el juicio o dentro del plazo de los tres días siguientes a su finalización, el juez dictará la sentencia.

El recurso de apelación

La parte que no esté conforme con el resultado de la sentencia puede interponer contra la misma un recurso de apelación dentro del plazo de cinco días a contar desde que le fue notificada.

El recurso deberá formalizarse por escrito y en el mismo se expondrán las razones en que se base la impugnación de la sentencia, que podrán ser del siguiente orden:

— quebrantamiento de las normas y garantías procesales (por ejemplo, defecto en la citación);
— error en la apreciación de las pruebas;
— infracción de precepto constitucional o legal.

De dicho recurso conocerá la audiencia provincial del lugar en cuestión y dictará una sentencia contra la que no habrá derecho a plantear recurso; es decir, resolverá definitivamente la cuestión.

Legislación penal especial

Además de los delitos y faltas comentados en los capítulos anteriores, existe una serie de operaciones mercantiles y electorales cuya infracción es susceptible de ser castigada por la legislación penal.

Control de cambios

Su regulación se contiene en la ley 40/1979 de 19 de diciembre (BOE de 13 de diciembre) y se refiere a los actos, negocios, transacciones y operaciones de toda índole entre residentes y no residentes que supongan, o de los que puedan derivarse, cobros o pagos exteriores.

A tal efecto se consideran *residentes* las personas físicas domiciliadas en territorio español o que residan principalmente en España, y las personas jurídicas con domicilio social en España. Igualmente, las personas físicas de nacionalidad española que residan en el extranjero tendrán la consideración de residentes respecto al patrimonio constituido en España con anterioridad a su toma de residencia en el extranjero, y las rentas procedentes del mismo.

A los efectos de la materia objeto de esta obra interesa destacar el capítulo II de esta ley que se ocupa de la regulación de los *delitos monetarios*.

Cometen delito monetario los que contravinieren el sistema legal de control de cambios mediante cualquiera de los actos u omisiones que se describen a continuación, siempre que su cuantía exceda de dos millones de pesetas.

No obstante conviene tomar en consideración lo dispuesto en el Real Decreto 1.816/1991, de 20 de diciembre, modificado por el Real Decreto 42/1993, de quince de enero, en cuanto a que el viajero, residente o no, que a la salida del territorio nacional lleve consigo moneda metálica, billetes de banco y cheques bancarios al portador, estén cifrados en pesetas o moneda extranjera, deberá formular una *declaración previa* cuando su importe sea superior a un millón de pesetas por persona y viaje, y obtener una *autorización administrativa previa* cuando su importe sea superior a quince millones de pesetas por persona y viaje. Por ello, la salida del territorio nacional de importe inferior o igual a un millón de pesetas no precisa ni tan siquiera ser declarado previamente antes de abandonar el territorio nacional.

Veamos cuáles son los supuestos que pueden dar lugar a la comisión del delito (siempre que la cuantía sea superior a dos millones de pesetas):

a) Los que sin haber obtenido la autorización previa o habiéndola obtenido mediante la comisión de un delito efectúen las siguientes conductas:

— exportar moneda o cualquier otro instrumento de pago, giro o crédito, sea en pesetas o moneda extranjera;
— importar moneda o cualquier otro instrumento de pago, giro o crédito, siempre que venga cifrado en pesetas;
— adquisición a título oneroso de bienes muebles o inmuebles en el extranjero;
— aceptar prestamos o créditos de no residentes u otorgárselos, o garantizar obligaciones de no residentes;
— aceptar pagos, entrega o cesión de pesetas por parte de un no residente.

En relación con estos supuestos descritos, cabe tener presente que la sentencia del Tribunal Supremo de 19 de julio de 1995 estableció que, como consecuencia de la entrada en vigor del Tratado de Maastricht, queda eliminado el requisito de autorización administrativa previa, pero sí en cambio es necesario que se produzca una declaración previa.

b) Los residentes que no pusieren a la venta, a través del mercado español autorizado, o dentro de los quince días siguientes a su disponibilidad, las divisas que posean.

c) El que obtuviere divisas mediante alegación de causa falsa o por cualquier otra forma ilícita.

d) El que destinare divisas lícitamente adquiridas a fin distinto del autorizado.

La comisión de estos ilícitos penales está castigada con pena de prisión e importantes multas que pueden alcanzar hasta diez veces el importe de la cuantía del delito.

Destaca asimismo la previsión legal relativa a la responsabilidad penal de las personas físicas que efectivamente ejerzan la dirección y gestión de la empresa a través de la cual se haya cometido el delito. Igualmente deberán responder penalmente los administradores, directivos o empleados de las entidades crediticias que estén autorizadas por la administración para intervenir en las operaciones reguladas por esta ley que, por negligencia en el ejercicio de sus funciones, hayan facilitado la comisión de alguna de las conductas constitutivas de delito monetario.

Transacciones económicas con el exterior

Su regulación viene recogida en el Real Decreto 1.816/1991, de 20 de diciembre (BOE de 27 de diciembre) y es consecuencia de la eliminación de las restricciones a las transacciones exteriores derivadas de la adhesión de España a la Comunidad Económica Europea. En tal sentido, el citado Real Decreto significa la eliminación de la práctica totalidad de restricciones, manteniéndose tan sólo la exigencia de autorización previa para la exportación de moneda metálica, billetes de banco, cheques bancarios al portador y oro amonedado o en barras a través de las fronteras nacionales por importe superior a 5.000.000 de pesetas (30.050,61 euros), por considerar tal exigencia necesaria en el marco de la lucha contra actividades delictivas, especialmente el narcotráfico.

Ello, no obstante, la plena y casi total liberalización de las transacciones exteriores no debe entenderse sin el mantenimiento de mecanismos que permitan el conocimiento estadístico de los cobros, pagos y transferencias con el exterior y aseguren la observación del ordenamiento jurídico español.

También se establece que la liberalización de los cobros, pagos y transferencias con el exterior se entiende sin perjuicio de que las normas específicas sobre dichas inversiones permitan sostener determinadas categorías de las mismas a la exigencia de autorización previa, verificación administrativa o a otras medidas de control fundamentadas en razones de defensa de la soberanía económica nacional en el caso de inversiones extranjeras en España, y de vigilancia del cumplimiento del ordenamiento jurídico, especialmente en materia fiscal, en el caso de las inversiones españolas en el extranjero.

Por lo que se refiere al tránsito de dinero, se establece que el viajero, residente o no, que a la salida del territorio nacional lleve consigo moneda metálica, billetes de banco y cheques bancarios al portador, estén cifrados en pesetas o moneda extranjera, deberá formular una declaración previa cuando su importe sea superior a 1.000.000 de pesetas por persona y viaje, y obtener previa autorización administrativa cuando su importe sea superior a 5.000.000 de pesetas por persona y viaje.

Por su parte, la introducción en territorio nacional de moneda metálica, billete de banco o cualesquiera otros medios de pago o crédito, cifrados en pesetas o moneda extranjera, es libre.

No obstante, los viajeros no residentes que, a su entrada en territorio español, sean portadores de moneda metálica, billetes de banco o cheques bancarios al portador, cifrados en pesetas o divisas, por importe superior a 1.000.000 de pesetas, y pretendan efectuar con ellos alguna operación que, de acuerdo con las normas sobre transacciones con el exterior o sobre inversiones extranjeras en España, requieran la acreditación del origen de los citados medios de pago, necesitarán declararlos en la forma que se determinen.

Igualmente destaca la previsión relativa a que es libre la apertura y mantenimiento por residentes de cuentas en oficinas operantes en el extranjero, teniendo la obligación de declarar dicha cuenta dentro de los treinta días siguientes a su apertura y a facilitar información relativa a los movimientos de la misma.

Contrabando

La regulación del delito de contrabando la encontramos en la ley orgánica 12/1995, de 12 de diciembre de represión del contrabando (BOE de 13 de diciembre) que nace fruto de la configuración de la Unión Europea como mercado interior, lo que conlleva la libertad de circulación de mercancías sin que estas queden sometidas a controles como consecuencia del cruce de fronteras interiores.

Según se recoge en la exposición de motivos de la ley, con la consagración del mercado único, la aduana española ha dejado de actuar como frontera fiscal para el tráfico con otro estados miembros de la Unión Europea. El desafío fundamental del mercado único en este campo consiste precisamente en compatibilizar las facilidades dadas al libre movimiento de mercancías con la necesidad de mantener la efectividad del esfuerzo en la represión del contrabando.

Ello es debido a que la entrada en vigor del mercado interior comunitario (1 de enero de 1993) supuso la supresión de los controles fronterizos entre los estados miembros, lo que ha dado lugar a un abuso de las facilidades ofrecidas al comercio regular al amparo de los regímenes de tránsito y ha ocasionado desviaciones ilícitas de mercancías.

Como novedad en materia penal de esta normativa, en relación con la anterior, destaca la elevación de las cuantías a partir de las cuales las conductas dejan de tener carácter de infracción administrativa y devienen delitos. Igualmente se incrementa el importe de las multas por infracciones administrativas de contrabando y se precisa el momento en que comienza el plazo de prescripción tanto para las propias infracciones como para las sanciones que de ellas se deriven.

Al abordar la regulación del delito de contrabando que se contiene en la LO 12/1995 conviene tener presentes las definiciones que ofrece de los siguientes términos:

a) Importación. Se refiere a la entrada de mercancías no comunitarias en el territorio español comprendido en el territorio aduanero de la Unión Europea, así como la entrada de mercancías en el ámbito territorial de Ceuta y Melilla.

Conviene tomar en consideración la importante sentencia del Tribunal Supremo de 18 de julio de 1996, así como la de 26 de abril de 1997, que señalan que para la consumación del delito de contrabando es preciso que las mercancías hayan traspasado la línea aduanera, admitiéndose por lo tanto formas imperfectas de ejecución del delito.

b) Exportación. Concierne a la salida de mercancías del territorio español. No se considerará exportación la salida de mercancías comunitarias del territorio español comprendido en el territorio aduanero de la Unión Europea.

Por lo que respecta a la tipificación del delito de contrabando, se entiende que cometen dicho ilícito penal, siempre que el valor de los bienes, mercancías, géneros o efectos sea igual o superior a 3.000.000 de pesetas (18.000,72 euros) los que, entre otras conductas:

— importen o exporten mercancías de lícito comercio sin presentarlos para su despacho en las oficinas de aduanas o en los lugares habilitados por la administración aduanera;
— realicen operaciones de comercio, tenencia o circulación de mercancías no comunitarias de lícito comercio, sin cumplir los requisitos legalmente establecidos para acreditar su lícita procedencia;
— saquen del territorio español bienes que integren el Patrimonio Histórico Español, sin la autorización de la administración del Estado cuando esta sea necesaria;
— realicen operaciones de importación, exportación o comercio de especies de fauna y flora silvestres protegidas;

— obtengan, mediante la alegación de causa falsa o de cualquier otro modo ilícito, el despacho aduanero de géneros estancados o prohibidos o mercancías de lícito comercio o la autorización para dichos actos;
— alijen o transborden de un buque clandestinamente cualquier clase de mercancías, géneros o efectos dentro de las aguas interiores o del mar territorial español;
— exporten material de defensa sin autorización.

Cometen, asimismo, delito de contrabando quienes realicen alguno de los hechos descritos en al apartado 1 del artículo 2 de la Ley (y que a grandes rasgos han sido descritos en los apartados anteriores), cuando el objeto del contrabando sean drogas, armas, explosivos o cuando el contrabando se realice a través de una organización aunque el valor de los bienes, mercancías, géneros o efectos sea inferior a 3.000.000 de pesetas (18.000,72 euros).

Conviene en este punto destacarse la interpretación ofrecida de forma pacífica por el Tribunal Supremo respecto del hecho de que el delito de tráfico de drogas absorbe el de contrabando, evitando la duplicidad de castigos que se producía anteriormente, en que a una persona que introducía droga en España proveniente de otro país, además de la pena correspondiente al delito de tráfico de drogas se le imponía la correspondiente al delito de contrabando.

Por otra parte, también se considerará delito cuando se trate de labores del tabaco cuyo valor sea igual o superior a 1.000.000 de pesetas (6.000,24 euros).

Destaca la regulación del delito continuado que ofrece esta ley para evitar que una persona lleve a cabo una multiplicidad de operaciones de contrabando de, por ejemplo tabaco, todas ellas por importe inferior a 1.000.000 de pesetas (6.000,24 euros) para evitar ser condenado por delito.

Así, se establece que también comete delito de contrabando el que, en ejecución de un plan preconcebido o aprovechando idéntica ocasión, realizare una pluralidad de acciones u omisiones constitutivas, aisladamente consideradas, de infracciones administrativas de contrabando, siempre que el valor acumulado de los bienes, mercancías, géneros o efectos en cuestión sea igual o superior a 3.000.000 de pesetas (18.000,72 euros).

Por lo que se refiere a las infracciones administrativas de contrabando, las mismas se apreciarán cuando el valor de los bienes con los que se ejecute alguna de las conductas enumeradas anteriormente (artículo 2.1) sea inferior a 3.000.000 de pesetas (18.000,72 euros), con las excepciones de drogas, armas, explosivos y tabaco que se han indicado.

Las sanciones previstas para las infracciones administrativas consisten en multas que pueden alcanzar el triple del valor de las mercancías con las que se ha efectuado el contrabando y, por lo que respecta a las labores del tabaco, además de la multa se puede acordar el cierre del establecimiento del que el infractor sea titular.

Régimen electoral

La ley Orgánica 5/1985, de 19 de junio del Régimen Electoral General (BOE de 20 de junio) se ocupa de los delitos electorales.

En primer lugar, conviene diferenciar las conductas delictivas que pueden ser cometidas por funcionarios públicos de las que pueden cometer por particulares.

CONDUCTAS DELICTIVAS QUE PUEDEN SER COMETIDAS POR FUNCIONARIOS PÚBLICOS

Cometerán delito electoral los funcionarios públicos que dolosamente incurran en infracciones que alteren o impidan el ejercicio del derecho al voto. Quedan excluidas las conductas realizadas con imprudencias.

Entre las infracciones menos graves se contemplan:

— aquellas que incumplan las normas legalmente establecidas para la formación, conservación y exhibición al público del censo electoral;

— aquellas que incumplan las normas legalmente establecidas para la constitución de las juntas y las mesas electorales, así como las votaciones, acuerdos y escrutinios que estas deban realizar;

— aquellas que no extiendan las actas, certificaciones y notificaciones y demás documentos electorales en la forma y momentos previstos por la ley;

— aquellas que susciten sin motivo racional dudas sobre la identidad de una persona o la entidad de sus derechos;

— aquellas que suspendan, sin causa justificada, cualquier acto electoral;

— aquellas que nieguen, dificulten o retrasen indebidamente la admisión, curso o resolución de las protestas o reclamaciones de las personas que legalmente estén legitimadas para hacerlas;

— aquellas que perjudiquen en el ejercicio de sus funciones a un candidato;

— aquellas que incumplan los trámites establecidos para el voto por correspondencia.

Se consideran infracciones graves (castigadas con pena mayor):

— aquellas que alteren sin autorización las fechas, horas o lugares en que deba celebrarse cualquier acto electoral;

— aquellas que omitan o anoten de manera que induzca a error sobre su autenticidad los nombres de los votantes en cualquier acto electoral;

— aquellas que cambien, oculten o alteren el sobre o papeleta electoral que el elector entregue al ejercitar su derecho;

— aquellas que realicen con inexactitud el recuento de electores;

— aquellas que efectúen proclamaciones indebidas de personas;

— aquellas que falten a la verdad en manifestaciones verbales que hayan de realizarse en algún acto electoral, por mandato de esta ley;

— aquellas que consientan, pudiendo evitarlo, que alguien vote dos o más veces o lo haga sin capacidad legal;

— aquellas que impriman o utilicen papeletas o sobres electorales con infracción de las normas establecidas.

Delitos que pueden cometer los funcionarios particulares

Cometerán delito electoral los particulares que dolosamente:

— vulneren los trámites establecidos para el voto por correo;
— voten dos o más veces en una misma elección o quienes voten sin capacidad para hacerlo;
— el presidente y los vocales de mesas electorales así como sus respectivos suplentes que dejen de concurrir o desempeñar sus funciones, las abandonen sin causa legítima o incumplan sin causa justificada las obligaciones de excusa o previo aviso que les impone esta ley.

Otras conductas punibles

Destacamos las siguientes por su especial trascendencia en el normal desarrollo de unas elecciones en un régimen democrático:

— quienes por medio de recompensas, dádivas, remuneraciones o promesas, soliciten directa o indirectamente el voto de algún elector o lo induzcan a la abstención;
— quienes con violencia o intimidación presionen sobre los electores para que no usen de su derecho, lo ejerciten contra su voluntad o descubran el secreto de voto;
— quienes impidan o dificulten injustificadamente la entrada, salida o permanencia de electores, candidatos, apoderados, interventores y notarios en los lugares en que se realicen actos del procedimiento electoral;
— los que perturbaren gravemente el orden en cualquier acto electoral.

Normas complementarias

En este delito se detallan diversos aspectos de la legislación penal que afectan a la situación de reos (extradición e indulto), el tráfico ilegal de capitales (blanqueo) así como a la ayuda y la asistencia que deben recibir las víctimas de delitos violentos y contra la libertad sexual.

Extradición pasiva

Se regula en la ley 4/1985, de 21 de marzo (BOE de 26 de marzo) que se basa en el principio de que la extradición, como acto de soberanía en relación con otros estados, es función del Poder Ejecutivo, sin perjuicio de su aspecto técnico penal y procesal que han de resolver en cada caso los tribunales.

Por lo que respecta a los hechos que pueden dar lugar a la extradición pasiva, según recoge la Exposición de Motivos de la Ley, se sigue el sistema de doble identidad normativa o de doble incriminación junto al de apertura en los tipos.

Basta, pues, que la infracción esté tipificada en la legislación de ambos países, sin que en consecuencia deba estar incluida en una lista cerrada.

Como excepciones a la extradición se mantiene la de los nacionales y los supuestos que sean competencia de nuestros tribunales, lo que no implica impunidad ya que, en ambos supuestos, se invita al país reclamante a que remita las actuaciones seguidas para que los presuntos culpables puedan ser juzgados en España.

Queda establecida la facultad del gobierno de no proceder a la extradición, aun habiéndola considerado procedente el tribunal sobre la base del principio de reciprocidad, por razones de soberanía, seguridad, orden público y demás intereses de España.

Los hechos por los cuales se podrá conceder la extradición son aquellos para los que las leyes españolas y las de la parte requirente señalen una pena o medida de seguridad cuya duración no sea inferior a un año de privación de libertad; o cuando la reclamación tuviere por objeto el cumplimiento de condena a una pena o medida de seguridad no inferior a cuatro meses de privación de libertad por hechos también tipificados en la legislación española.

Cuando la solicitud se refiera a varios hechos y sólo concurran en algunos de ellos los requisitos señalados anteriormente sobre duración de las penas o medidas de seguridad, el acuerdo de extradición podrá extenderse también a los que tengan señalada penalidad inferior.

No se concederá la extradición de españoles, ni de los extranjeros por delitos que corresponda conocer a tribunales españoles, según el ordenamiento nacional.

Cuando el delito se hubiera cometido fuera del territorio del país que solicite la extradición, esta podrá ser denegada si la legislación española no autorizare la persecución de un delito del mismo género cometido fuera de España.

Otros supuestos en los que tampoco se concederá la extradición son aquellos en los que se haya extinguido la responsabilidad criminal, conforme a la legislación española o a la del estado requirente, y aquellos en los que la persona reclamada haya sido juzgada o lo esté siendo en España por los mismos hechos que sirvan de base a la solicitud de extradición o cuando el estado requirente no dé la garantía de que la persona reclamada de extradición no será ejecutada o sometida a penas que atenten contra su dignidad o integridad corporal.

En cuanto al procedimiento de extradición, principiará por solicitud dirigida por vía diplomática al ministro de Justicia español.

El Ministerio de Justicia podrá interesar del Ministerio del Interior la detención de la persona reclamada y su puesta a disposición del Juzgado Central de Instrucción. El juez podrá acordar la prisión provisional del detenido.

El Ministerio de Justicia en un plazo máximo de ocho días elevará al gobierno una propuesta motivada sobre si ha lugar o no a continuar el procedimiento de extradición en vía judicial. El gobierno dispondrá de un plazo de quince días para decidir la concesión o denegación de la solicitud.

Si acuerda denegarla, lo pondrá en conocimiento del estado requirente y acordará la inmediata puesta en libertad del requerido si se encontrara privado de ella.

Si acuerda la continuación del procedimiento en vía judicial, el juez ordenará la inmediata comparecencia del requerido, quien deberá hacerlo asistido de un abogado y, en su caso, de intérprete.

A la vista de las alegaciones y pruebas que ofrezca y de las emitidas por el Ministerio Fiscal, el juez resolverá mediante auto la concesión o denegación de la extradición. Contra este auto únicamente cabrá interponer recurso de súplica que resolverá la sala de lo penal de la Audiencia nacional.

Si el tribunal acuerda desestimar la solicitud de extradición, lo notificará al Ministerio de Justicia para que, a su vez, lo comunique a la representación diplomática del país que cursó la demanda de extradición.

Si el tribunal estima la solicitud, el gobierno acordará la entrega de la persona reclamada al estado requirente o, haciendo uso de las facultades que al efecto tiene asignadas, denegar dicha extradición por los motivos de seguridad, orden público o demás intereses esenciales para España.

El indulto

Según establece el artículo 4 del Código penal, los jueces y tribunales tienen la facultad de acudir al gobierno y solicitar la concesión de un indulto cuando de la rigurosa aplicación de las disposiciones de la ley resulte penada una acción u omisión que a juicio del juez o tribunal no debiera serlo, o cuando la pena sea notablemente excesiva, atendidos el mal causado por la infracción y las circunstancias personales del reo.

Igualmente señala el precepto que, si mediara petición de indulto, y el juez o tribunal hubiera apreciado en resolución fundada que por el cumplimiento de la pena, puede resultar vulnerado el derecho a un proceso sin dilaciones indebidas, suspenderá la ejecución de la misma en tanto no se resuelva sobre la petición formulada.

La normativa sobre las reglas establecidas para la concesión del indulto viene contemplada en la ley de 18 de junio de 1870.

Conviene en primer lugar examinar quién puede ser indultado. Dispone el artículo 1 de la ley: «Los reos de toda clase de delitos podrán ser indultados con arreglo a las disposiciones de esta ley, de toda o parte de la pena en que por aquellos hubiera incurrido».

Por tanto, según veremos más adelante, los indultos pueden ser totales (de toda la pena) o parciales (de una parte de la pena).

No obstante, se contempla una serie de excepciones:

— los procesados que no hubieren sido aún condenados por sentencia firme;
— los que no estuvieren a disposición del tribunal sentenciador para el cumplimiento de la condena;
— los reincidentes en el mismo o cualquier otro delito por el cual hubiesen sido condenados por sentencia firme. Se exceptúan los casos en que el tribunal sentenciador apreciara la concurrencia de razones de justicia, equidad o conveniencia pública para otorgar la gracia.

Tipos de indulto

Según se ha referido anteriormente, pueden ser de dos clases:

a) Total. Comporta la remisión de todas las penas a que hubiere sido condenado el reo y que todavía no hubiese cumplido.

Sólo se otorgará en el caso de existir en favor de los penados razones de justicia, equidad o utilidad pública, a juicio del tribunal sentenciador.

b) *Parcial.* Comporta únicamente la remisión de alguna o algunas de las penas impuestas, o de parte de todas en las que hubiese incurrido y no hubiera cumplido todavía el delincuente.

Se reputará también indulto parcial la conmutación de la pena o penas impuestas al delincuente en otras menos graves.

Efectos del indulto

El indulto de la pena principal llevará consigo el de las accesorias, a excepción de las de inhabilitación para cargos públicos y derechos políticos y sujeción a la vigilancia de la autoridad.

No se comprenderá nunca en la concesión del indulto la indemnización civil ni las costas procesales.

Por su parte, el indulto de la pena pecuniaria eximirá al indultado del pago de la cantidad que aún no hubiera satisfecho, pero no comprenderá la devolución de la ya pagada.

Serán condiciones tácitas de todo indulto:

— que no cause perjuicio a tercera persona o no lastime sus derechos;
— que haya sido oída la parte ofendida, cuando el delito por el que haya sido condenado el reo fuere de los que solamente se persiguen a instancia de parte.

Cabe, asimismo, tener presente que la concesión de indulto es por naturaleza irrevocable.

Procedimiento

El indulto pueden solicitarlo los penados, sus parientes o cualquier otra persona en su nombre, sin necesidad de poder escrito que acredite su representación.

También pueden proponerlo el tribunal sentenciador, el Tribunal Supremo o el fiscal de cualquiera de ellos. Igualmente, el gobierno puede mandar formar el oportuno expediente, aunque no hubiera sido solicitado por los particulares ni propuesto por los tribunales.

Las solicitudes se dirigirán al ministro de Justicia quien, previamente a resolverlas, devolverá el expediente al tribunal sentenciador para informe que contendrá su opinión sobre la conveniencia y forma en que deba concederse, en su caso, la gracia solicitada.

Una vez que se haya recibido el indicado informe, será el ministro de Justicia quien concederá o denegará el indulto que haya sido solicitado.

La concesión de los indultos se hará por medio de un Real Decreto y se hará pública a través del Boletín Oficial del Estado (BOE), donde se expondrá con todo detalle.

Los supuestos habituales en los que nuestra jurisprudencia reseña el planteamiento de solicitudes de indulto son aquellos en los que se juzga y condena a una persona por hechos cometidos muchos años atrás cuando era drogodependiente, tratándose en el momento de dictarse la sentencia condenatoria de una persona que ha superado su problema de drogadicción, que dispone de trabajo estable, que ha fundado una familia y que está totalmente rehabilitado e integrado en la sociedad.

En estos casos, exigir el cumplimiento de la pena y, por lo tanto, el ingreso en prisión de esta persona, atentaría contra todos los fines de la pena y representaría una regresión inadmisible, por cuanto se haría cargar a esa persona con todas las consecuencias negativas que implica el funcionamiento retardado de la Administración de Justicia.

Si, por tanto, en el momento en que la Administración de Justicia actúa, la persona ya se ha rehabilitado, no tiene sentido imponerle un castigo por la comisión de unos hechos en una etapa de la vida de la persona que con gran esfuerzo y enorme sacrificio ha sido superada por el propio individuo. Son los supuestos en los que se producen las denominadas *dilaciones indebidas* en el funcionamiento de la Administración de Justicia.

El blanqueo de capitales

Se trata de un cuerpo de normativa desarrollado a fin de lograr la colaboración de las entidades financieras en la lucha contra la gran delincuencia organizada que se dedica fundamentalmente al tráfico de drogas a gran escala, al terrorismo y al tráfico de armamento.

Para lograrlo se impone a dichas entidades obligaciones administrativas de colaboración e información con las autoridades para detectar aquellas actividades ilícitas que son identificables por parte de las entidades financieras.

Así pues, la normativa sobre la prevención del blanqueo de capitales regula las obligaciones, actuaciones y procedimientos para prevenir e impedir la utilización del sistema financiero, así como de otros sectores, para el blanqueo de capitales procedentes de:

— actividades delictivas relacionadas con las drogas;
— actividades delictivas relacionadas con las bandas armadas, organizaciones o grupos terroristas;
— actividades delictivas realizadas por grupos organizados.

Y se entiende por blanqueo de capitales la adquisición, utilización, conversión o transmisión de bienes que procedan de alguna de las actividades delictivas enumeradas anteriormente o de participación en las mismas, para ocultar o encubrir su origen o ayudar a la persona que haya participado en la actividad delictiva a eludir las consecuencias jurídicas de sus actos, así como la ocultación o encubrimiento de su verdadera naturaleza, origen, localización, disposición, movimientos o de la propiedad o derechos sobre los mismos, aun cuando las actividades que las generen se desarrollen en el territorio de otro estado.

Los sujetos obligados por la normativa de prevención del blanqueo de capitales son los siguientes:

— las entidades de crédito;
— las entidades aseguradoras para operar en el ramo de vida;

— las sociedades y agencias de valores;
— las instituciones de inversión colectiva;
— las sociedades gestoras de fondos de pensiones;
— las sociedades gestoras de fondos de cartera;
— las sociedades emisoras de tarjetas de crédito;
— las personas físicas o jurídicas que ejerzan actividades de cambio de moneda;
— los casinos de juego;
— las actividades de promoción inmobiliaria o compraventa de inmuebles;
— las actividades relacionadas con el comercio de joyas, piedras y metales preciosos;
— las actividades relacionadas con el comercio de objetos de arte y antigüedades;
— las actividades de inversión filatélica y numismática.

Todas estas entidades tienen la obligación de comunicar a la administración cualquier hecho u operación respecto al que exista indicio o certeza de que está relacionado con el blanqueo de capitales procedentes de las actividades antes descritas.

Ayuda y asistencia a las víctimas de delitos violentos y contra la libertad sexual

La Ley 35/1995, de 11 de diciembre, de ayuda y asistencia a las víctimas de delitos violentos y contra la libertad sexual deriva del hecho de que, en muchas ocasiones, el abandono social de la víctima a su suerte tras el delito, la falta de apoyo psicológico, la misma intervención en el proceso, las presiones a que se ve sometida, la necesidad de revivir el delito a través del juicio oral, los riesgos que genera su participación en el mismo y la angustia que crea en la persona, producen efectos tan dolorosos en la víctima como los que directamente se derivan del delito.

En el caso de los delitos violentos, las víctimas sufren, además, las consecuencias económicas derivadas de la alteración que la comisión del delito conlleva de sus hábitos cotidianos de vida, con la pérdida de ingresos que ello representa.

Así, frecuentemente, deberán invertir, por no decir perder mucho tiempo en recibir atención médica, ayuda psicológica con la desconcentración que ello conlleva y la imposibilidad de desarrollar el trabajo habitual en las debidas condiciones con las bajas que ello representa y el riesgo de acabar perdiendo el puesto de trabajo por falta de rendimiento o por un exceso de bajas laborales. Estas consecuencias económicas del delito golpean con particular dureza a las capas más humildes de nuestra sociedad.

Los delitos susceptibles de generar ayudas públicas son aquellos delitos violentos cometidos dolosamente (no los cometidos por imprudencia) y cuyo resultado sea la muerte, lesiones corporales graves y daños graves en la salud física o mental.

Los beneficiarios de las ayudas lo serán tanto la víctima como sus herederos en caso de producirse la muerte de esta.

Para la cuantificación de las ayudas se parte de la fijación de cuantías máximas correspondientes a cada una de las clases de incapacidad contempladas por la legislación de la Seguridad Social.

Sobre estos importes máximos, se establecerá una ayuda sobre la base de la aplicación de unos coeficientes correctores que atenderán a factores como la situación económica de la víctima, las personas a su cargo, y el grado de daño sufrido.

La concesión de la ayuda se condiciona a que se haya dictado una sentencia firme en el procedimiento penal, lo cual puede representar una demora de muchos años teniendo en cuenta cómo funciona el sistema penal (dilación en la instrucción y tramitación de procedimientos, demora en las resoluciones judiciales, sistema de recursos de varias instancias antes de que la sentencia gane firmeza, etc.), la posibilidad de conceder ayudas provisionales siempre que se acredite la precaria situación económica de la víctima del delito.

El procedimiento penal

El procedimiento penal, es decir, el procedimiento a través del cual se tratará de averiguar si una persona debe o no responder criminalmente (con la imposición de la correspondiente pena) de la comisión de un delito que se le imputa, puede iniciarse por cualquiera de las siguientes vías.

La denuncia

Cualquier ciudadano puede, y debe, denunciar la comisión de cualquier delito del que tenga conocimiento, bien por ser la víctima del mismo, bien simplemente por haber conocido su existencia.

La fórmula más sencilla para hacerlo es la de la denuncia que, a diferencia de la querella, según veremos más adelante, no está sujeta a ninguna formalidad especial.

Así, basta una comparecencia ante cualquier comisaría de policía y relatar verbalmente los hechos que se quieren denunciar; los agentes de policía redactarán los hechos que se les narre y nos entregarán una copia de la misma. A continuación, iniciarán las investigaciones conducentes a la averiguación de la verdad de lo relatado y, en su caso, remitirán una copia al juez a fin de que decida qué se debe hacer.

También puede hacerse por escrito y presentarse ante el juzgado de guardia. En este caso, el único requisito exigido por la ley es que vaya firmada por el denunciante. El juez directamente decidirá lo que se debe hacer para averiguar la realidad de los hechos denunciados (por ejemplo, tomar declaración a la persona o personas denunciadas, a los testigos, recabar documentación, practicar inspecciones oculares, etc.).

La querella

A diferencia de la denuncia, está sujeta a una serie de formalidades necesarias para que sea admitida a trámite por parte del juzgado ante el que se presente (artículo 277 de la Ley de Enjuiciamiento Criminal): debe ser presentada por un procurador mediante un poder especial (no es suficiente un poder general para pleitos); debe presentarse por escrito haciendo constar el juez o tribunal ante el que se presente el nombre, apellidos y vecindad del querellante y el nombre, apellidos y vecindad del querellado; ha de indicarse la relación circunstanciada del hecho así como de las diligencias que deberán practicarse para la comprobación del hecho; asimismo, habrá de incluirse una petición de que se admita la querella, se practiquen las diligencias de comprobación indicadas y se proceda, en su caso, a la detención del presunto culpable. El escrito en cuestión deberá ir firmado por el querellante cuando el procurador no actúe con poder especial. De no hacerlo, el tribunal exigirá la ratificación personal del querellante, es decir, la comparecencia ante el órgano a fin de manifestar que está de acuerdo con el escrito presentado en su nombre.

El atestado policial

Otro medio de iniciarse un procedimiento penal contra el presunto responsable de la comisión de un delito es a través de la actuación de la policía que tenga conocimiento de su comisión e intervenga para la detención de su presunto responsable y posterior puesta a disposición judicial.

```
┌─────────────────────────────┐
│      Víctima de un delito    │
└─────────────────────────────┘
        │              │
        ▼              ▼
┌──────────────┐  ┌──────────┐
│ Denuncia (salvo│ │ Querella │
│ delitos privados)│└──────────┘
└──────────────┘
        │              │
        ▼              ▼
   ┌──────────────────────┐
   │     Instrucción      │
   └──────────────────────┘
              │
              ▼
   ┌──────────────────────┐
   │ Apertura de juicio oral │
   └──────────────────────┘
              │
              ▼
   ┌──────────────────────┐
   │ Celebración de juicio oral │
   └──────────────────────┘
              │
              ▼
   ┌──────────────────────┐
   │      Sentencia       │
   └──────────────────────┘
```

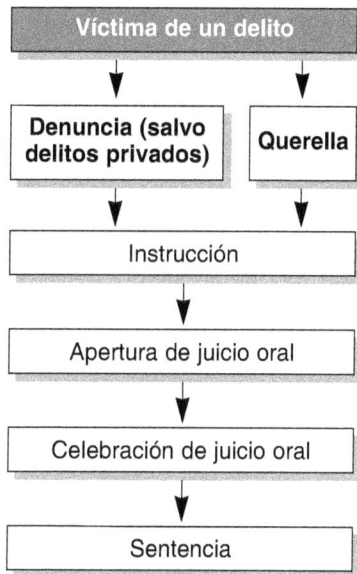

La policía, una vez detenido el presunto autor de un hecho delictivo, dispone de un plazo de setenta y dos horas antes del transcurso del cual deberá ponerlo en libertad o pasarlo a disposición judicial a fin de que sea el juez el que decida, en primera instancia, sobre la libertad o prisión provisional del detenido.

En este punto, en particular, conviene tener presente la existencia de la institución del llamado *habeas corpus* cuya regulación se contiene en la Ley Orgánica 6/1984, de 24 de mayo (BOE de 26 de mayo) que permite resolver con rapidez aquellos supuestos en los que un ciudadano es detenido de forma injustificada o en condiciones ilegales y que implica la inmediata puesta a disposición de la autoridad judicial del detenido a fin de que esta valore si las condiciones de la detención se ajustan o, por contra, vulneran la ley acordando, en su caso, la puesta en libertad del detenido. La solicitud de *habeas corpus* la puede formular el propio detenido ante la policía sin formalismo ninguno.

El tanto de culpa al ministerio fiscal

En el curso de cualquier procedimiento judicial, si se detecta la posible comisión de un delito, deberá darse traslado del mismo al Ministerio Fiscal a fin de que decida sobre la existencia de indicios de la comisión de un delito para iniciar el correspondiente procedimiento penal para la averiguación y persecución del mismo.

Así, por ejemplo, en un procedimiento civil en el que se tenga la sospecha de que un testigo ha faltado a la verdad, se dará traslado de las actuaciones al Ministerio Fiscal para que determine si se ha producido o no un posible delito de falso testimonio. Si entiende que existen indicios suficientes para considerar que el testigo ha mentido, se le iniciará al mismo el correspondiente procedimiento penal.

La instrucción del procedimiento

Una vez el juez de instrucción tenga conocimiento de la presunta comisión de un hecho delictivo por cualquiera de las vías indicadas en el apartado anterior, procederá a llevar a cabo las diligencias de pruebas necesarias para determinar la realidad de los hechos denunciados y la autoría o participación de las personas imputadas. Para ello, la Ley de Enjuiciamiento Criminal le pone a su disposición un conjunto de medios a través de los cuales el juez podrá llevar a cabo su cometido.

Inspección ocular

El juez puede desplazarse al lugar en el que haya tenido lugar la comisión del delito a fin de tratar de obtener pruebas que permitan esclarecer los hechos sucedidos e identificar a sus responsables:

— practicar ruedas de reconocimiento a fin de identificar al responsable de los hechos de manera que la víctima o el testigo

pueda *ver sin ser vista* a los integrantes de la rueda, que deberán ser de *circunstancias exteriores semejantes*;
— tomar declaración a los procesados;
— tomar declaración a los testigos;
— practicar careos entre los testigos y los procesados;
— solicitar informes periciales (por ejemplo, una pericial caligráfica para determinar la autoría de una nota escrita);
— practicar diligencias de entrada y de registro domiciliarias;
— ordenar la intervención de las comunicaciones telefónicas y la correspondencia de una persona.

La Ley de Enjuiciamiento Criminal (en adelante, LECRIM) y la Jurisprudencia del Tribunal Supremo han establecido las garantías que, en cada caso, deberán respetarse para que las pruebas obtenidas con cualquiera de los medios de investigación descritos sean válidas y sirvan como prueba de cargo en el juicio oral contra una persona. En otro caso, serán nulas y no podrán utilizarse contra el imputado.

Así, por ejemplo, era frecuente la realización de diligencias de entrada y registro domiciliario sin la presencia del Secretario Judicial (como prescribía la ley), por lo que cualquier prueba obtenida en dichas diligencias era considerada nula, con lo que se daba el caso de haber intervenido en un domicilio grandes cantidades de droga y no poder condenar a su poseedor por considerarse nula la manera de realizarse el medio de investigación (diligencia de entrada y registro) a través de la cual se había obtenido la prueba.

En el curso de esta fase de instrucción (investigación) del procedimiento llevada a cabo por el juez de instrucción, este podrá acordar que el presunto responsable de los hechos investigados vaya a prisión o quede en libertad provisional. Examinemos dicha cuestión con un poco más de detalle.

Los artículos 502 y siguientes de la LECRIM recogen los supuestos en los que el juez instructor podrá acordar la prisión provisional del imputado. Para ello, será necesaria la concurrencia conjunta de las siguientes circunstancias:

— que se investigue un hecho que tenga los caracteres de ser constitutivo de delito (no podrá, por tanto, acordarse la prisión provisional por hechos que sean una falta);

— que este tenga señalada una pena superior a seis años de prisión o que, siendo inferior, se trate de un hecho que provoque alarma social;

— que aparezcan en la fase de investigación indicios suficientes para considerar responsable de los hechos al reo.

También se podrá acordar la prisión provisional cuando concurran únicamente las circunstancias primera y tercera en los casos en los que el reo no haya acudido a las citaciones efectuadas por el juez.

Ello, no obstante, a pesar de que concurran las circunstancias enunciadas anteriormente, se podrá acordar, mediante fianza, la libertad provisional del inculpado en los casos en los que:

— el inculpado carezca de antecedentes penales;

— se pueda creer que no tratará de sustraerse a la acción de la justicia;

— el delito no haya causado alarma social.

Por tanto, queda claro que queda en manos del juez instructor determinar cuándo se dan las circunstancias que permiten acordar la medida de prisión provisional y cuándo no, por cuanto es muy difícil establecer con criterios objetivos qué debe entenderse por *alarma social*, lo cual, por tanto quedará en cada caso a criterio del juez instructor.

Es importante dejar claro que dicha medida puede ser revocada en cualquier estado de la tramitación del procedimiento, por lo que pueden presentarse recursos contra la misma a lo largo de toda la instrucción del procedimiento penal hasta lograr la puesta en libertad provisional del inculpado.

También conviene no perder de vista el hecho de que las resoluciones en virtud de las cuales el juez instructor acuerde la medida de prisión provisional del inculpado deben estar motivadas, es decir, el juez debe indicar claramente los motivos por los cuales adopta dicha medida excepcional, no siendo admisibles según ha reiterado el Tribunal Constitucional que se acuerden este tipo de medidas en resoluciones que ya vengan impresas con fórmulas estereotipadas sino que en cada caso deberán motivarse.

La fase de instrucción finalizará de alguna de las siguientes maneras:

a) Archivo o sobreseimiento: cuando se entienda que los hechos que han sido investigados no son constitutivos de delito o no puede estimarse responsable de los mismos a la persona imputada.

b) Traslado para su enjuiciamiento al órgano correspondiente: si se estima que los hechos investigados pueden ser constitutivos de delito y que el inculpado puede ser responsable de los mismos, se trasladarán las actuaciones al órgano competente para su enjuiciamiento y fallo (es decir, el que presidirá el desarrollo del juicio oral y dictará la correspondiente sentencia). Se hará del siguiente modo:

— las causas por delitos menos graves (es decir, los castigados con pena de prisión de seis meses a tres años) serán competencia de los jueces de lo penal;
— las causas por delitos graves (pena de prisión superior a tres años) serán competencia de la Audiencia Provincial.

El juicio oral

En los supuestos en los que el juez instructor estime que existen indicios suficientes para entender que se ha cometido un hecho delictivo y la autoría del mismo sea atribuible al imputado, mandará las actuaciones al órgano competente para su enjuiciamiento y fallo (juez de lo penal o Audiencia Provincial).

Previamente, el juez instructor habrá dado traslado de todo lo actuado a las partes personadas en el procedimiento (Ministerio Fiscal, acusadores y defensas) a fin de que presenten, respectivamente, los escritos de acusación y de defensa, en los que, entre otras consideraciones, se fijarán las pretensiones condenatorias de las partes acusadoras y las, normalmente, absolutorias de la defensa, que se denominarán *conclusiones provisionales* por cuanto las mismas pueden ser modificadas en el curso de la celebración del acto del juicio oral.

Una vez efectuado lo anterior, se convocará a las partes a la celebración del correspondiente juicio oral el cual se practicará en cuantas sesiones sean necesarias, y que serán públicas si no existen motivos fundados (y tasados legalmente) para denegar dicho carácter.

El desarrollo del juicio oral se iniciará con el planteamiento por parte de las partes personadas (acusación y defensa) de cuestiones previas al mismo, entre las que destaca la existencia de una posible conformidad del acusado con la pena solicitada por el Ministerio Fiscal, previa negociación con el mismo.

Así, es muy frecuente en la práctica que, antes de entrar en la sala de vistas para celebrar el juicio, el abogado defensor solicite entrevistarse con el Ministerio Fiscal a fin de tratar de lograr una rebaja en la pena solicitada y proceder a conformarse con la misma por el bien de su cliente.

Ello será beneficioso en los casos en los que la condena del reo sea prácticamente segura a tenor de las pruebas recogidas en su contra, por lo que siempre, en estos casos, valdrá la pena tratar de obtener una rebaja en la pena solicitada por el Ministerio Fiscal y conformarse con la misma.

Si no hay conformidad, y ninguna otra cuestión previa que lo impida, se dará inicio a las sesiones del juicio oral en las que cada una de las partes practicará las pruebas propuestas en sus respectivos escritos de calificación provisional (escritos de acusación y defensa).

De este modo, se sucederá la práctica de los interrogatorios de los acusados y de los testigos a quienes cada parte —y también el juez o presidente de la sala de la Audiencia— podrá formular preguntas.

Cabe tener en cuenta que el acusado, en tanto que amparado a la presunción de inocencia por el derecho constitucional y su derecho a no confesarse culpable ni a declarar contra sí mismo, no tiene la obligación de decir la verdad a lo que se pregunte; es decir, puede faltar a la verdad sin que ello le reporte ninguna consecuencia más allá de la propia valoración que pueda efectuar el juzgador de dicha declaración falsaria.

En cambio, los testigos sí que tienen el deber de contestar la verdad a lo que se les pregunte, por lo que si faltan a la misma incurrirán en la comisión de un delito de falso testimonio y serán procesados y, en su caso, condenados por ello.

Una vez practicadas las pruebas, las partes pueden mantener las conclusiones que, de forma provisional, establecieron en los escritos de acusación y defensa o, a la vista del resultado de las pruebas practicadas en el acto del juicio oral, modificarlas.

Así, por ejemplo, el Ministerio Fiscal puede entender que no haya quedado acreditada la autoría del delito imputado por parte del acusado sobre la base de que un testigo manifieste haberlo visto en un lugar distinto al de los hechos el día en el que los mismos se sucedieron, por lo que opte por retirar la acusación contra dicha persona y solicitar su absolución. O, por el contrario, entienda, a la vista del resultado de dichas pruebas, que debe solicitar una condena más alta. De igual modo puede operar la defensa.

Cumplimentado el anterior trámite, las partes iniciarán sus informes orales en los que expondrán sus consideraciones sobre los hechos que estimen han quedado probados en el juicio, su calificación legal, la participación que en los mismos hayan tenido los acusados y la eventual responsabilidad civil derivada de la comisión del delito.

Una vez finalizado el acto del juicio oral, el juez o tribunal dictará la correspondiente sentencia dentro del plazo fijado por la ley.

En relación con la celebración del acto del juicio oral, conviene tener presentes las siguientes consideraciones generales:

a) Si el acusado no comparece a dicho acto, el juicio se podrá celebrar en su ausencia siempre que conste que el mismo ha sido debidamente citado y la pena solicitada por el Ministerio Fiscal o la parte acusadora no exceda de un año.

Si la pena excede de un año, se deberá suspender la celebración del juicio y citar nuevamente al acusado. En ocasiones, tras varias ausencias injustificadas, el juez puede ordenar la detención e ingreso en prisión del acusado hasta la celebración del juicio a fin de garantizar su asistencia al mismo.

b) Si no comparece alguno de los testigos citados, el juez o tribunal puede igualmente decretar la suspensión del juicio y acordar citarle nuevamente. Si la incomparecencia es injustificada, se puede acordar la imposición de una multa.

Recursos contra la sentencia

La Constitución Española (artículo 120) establece que todas las sentencias deberán ser motivadas, porque precisamente en dicha motivación radica la posibilidad de presentar recurso en caso de disconformidad con la misma. Es decir, el juez o tribunal debe indicar las razones por las cuales adopta la decisión que sea en su sentencia (absolución o condena) a fin de que las partes puedan presentar sus argumentos en contra de los razonamientos contenidos en la sentencia y fundar en ellos su correspondiente recurso.

Las sentencias dictadas por los jueces de lo penal serán recurribles en apelación ante la Audiencia Provincial correspondiente.

Por su parte, las sentencias dictadas en primera instancia por la Audiencia Provincial (recordemos, las de las causas en las que la petición de condena sea de prisión superior a tres años), serán recurribles ante el Tribunal Supremo.

En el recurso de apelación, que siempre será motivado, las partes pueden expresar los motivos por los cuales están disconformes con la sentencia, que pueden ser del siguiente orden:

— quebrantamiento de normas y garantías procesales;
— error en la apreciación de las pruebas;
— infracción de precepto constitucional o legal.

Igualmente, en dicho recurso, las partes pueden proponer la práctica de diligencias probatorias siempre que las mismas ya hubieran sido propuestas en primera instancia y hubieran sido indebidamente denegadas por el juez o no hubieran podido practicarse.

Contra las sentencias dictadas en resolución del recurso de apelación, no cabrá recurso ordinario alguno (amén del correspondiente recurso de revisión en lo supuestos establecidos a tal efecto por la ley).

Por tanto, únicamente cabrá, en su caso, la interposición de un recurso de amparo ante el Tribunal Constitucional (regulado por la Ley Orgánica 2/1979 de 3 de octubre; BOE de 5 de octubre de 1979) siempre que se alegue vulneración de alguno de los derechos y libertades fundamentales recogidos en la Constitución.

La idoneidad de la interposición de este recurso vendrá determinada, en ocasiones, por la posibilidad de solicitar en dicha instancia la suspensión de la ejecución de la condena que haya sido impuesta en los supuestos en los que dicha ejecución (cumplimiento de la condena impuesta) hubiere de ocasionar un perjuicio que hiciera perder al amparo su finalidad, según reza el artículo 56 de la referida LO 2/1979.

El procedimiento con jurado

La introducción de la modalidad procesal de enjuiciamiento con jurado en el derecho español representa sin lugar a dudas la novedad de procedimiento más significativa de los últimos tiempos y viene a colmar una demanda que han formulado desde hace muchos años amplios sectores de la sociedad que fundamentaban su petición en el hecho de tratarse de una institución presente a lo largo de toda la historia del estado español en cada uno de sus periodos democráticos y que ya vino establecida en las Constituciones de 1812 y 1837.

Esta demanda se hacía en favor de la reinstauración del jurado basándose en el hecho de que de este modo los ciudadanos pueden participar de manera directa de la administración de justicia, lo cual cumple de una vez por todas con el mandato constitucional que se enuncia en el artículo 125 de la Constitución española.

La implantación de este sistema ha comenzado a dar sus primeros pasos no sin cierta polémica a causa de la dificultad para fallar ciertos veredictos. Sin embargo, su institución es un logro social que supone un paso más en el avance hacia la democratización de las instituciones.

Se ha dicho que mediante su voto en unas elecciones, el ciudadano participa en la elección de quienes han de aprobar las leyes y de los gobernantes. En consecuencia, a través del tribunal del jurado, el ciudadano participa directamente en la aplicación de la ley

—penal, en este caso— y adquiere conciencia plena de su importancia y su función social.

La participación de una persona en un jurado debe considerarse como una manera más de participar como ciudadano; nunca como una imposición del Estado.

Los partidarios de su reimplantación han señalado muy acertadamente que dicha institución se ha suprimido o restringido en cada uno de los periodos de nuestra historia en la que se ha producido un retroceso de las libertades públicas, produciéndose la última supresión en el año 1936.

Su regulación se contiene en la ley 5/1995, de 22 de mayo, con las modificaciones de la ley 8/1995 de 16 de noviembre.

Conceptos generales

El tribunal del jurado es una institución pública que permite la participación de los ciudadanos en la Administración de Justicia y que tiene competencia para el conocimiento y fallo de las causas criminales que se sigan por los siguientes delitos:

— homicidio;
— amenazas;
— allanamiento de morada;
— incendios forestales;
— cohecho;
— tráfico de influencias;
— malversación de caudales públicos;
— fraudes;
— exacciones ilegales.

Esta nómina de delitos no es cerrada, sino que puede ampliarse mediante modificaciones de la ley correspondiente.

El tribunal del jurado se compone de nueve ciudadanos a quienes se denomina *jurados* y un magistrado que forme parte de la Audiencia Provincial, quien se encargará de presidirlo. Se convocarán igualmente al juicio dos jurados más en calidad de suplentes.

La función de los jurados será la de emitir una resolución, que recibe el nombre de *veredicto* y en la que deberán declarar si estiman probado o no el hecho que se haya sometido a enjuiciamiento, así como la culpabilidad o inocencia de los acusados.

El jurado

Todo ciudadano español que no esté incurso en causa de incompatibilidad o prohibición ni pueda excusarse de cumplir tal función puede entrar a formar parte de un tribunal del jurado, siempre que, además, reúna las siguientes condiciones:

— sea mayor de edad;
— se encuentre en el pleno ejercicio de sus derechos políticos;
— sepa leer y escribir;
— sea vecino de cualquiera de los municipios de la provincia en que el delito se haya cometido;
— no esté impedido física, psíquica o sensorialmente para el desempeño de la función de jurado.

Los miembros del jurado serán retribuidos y, a los efectos del ordenamiento laboral y funcionarial, tendrá la consideración de cumplimiento de un deber inexcusable de carácter público y personal.

Aparte de los supuestos en los que una persona no tenga capacidad para ser jurado los casos de incompatibilidades para ser jurado (por ejemplo, los abogados y procuradores en ejercicio) y los supuestos en que están determinadas prohibiciones para ser jurado (por ejemplo, quien tenga interés en la causa criminal), merece la pena destacar los casos en los que una persona puede excusarse de actuar como jurado:

— los mayores de 65 años;
— los que sufran grave trastorno por razón de las cargas familiares;

— los que hayan desempeñado funciones de jurado en los cuatro años anteriores al día de la designación;
— los que desempeñen trabajo relevante de interés general cuya sustitución originaría importantes perjuicios al mismo;
— los que residan en el extranjero;
— los militares profesionales en activo cuando concurran razones servicio;
— los que aleguen y acrediten suficientemente cualquier otra causa que les dificulte de forma grave el desempeño de la función de jurado.

La designación de los jurados se efectúa por parte de las Delegaciones Provinciales de la Oficina del Censo Electoral por medio de un sorteo que se realiza dentro de los últimos quince días del mes de septiembre de los años pares, estableciéndose, de este modo, una lista bienal de candidatos a jurados.

Después, de entre todos los candidatos a jurado que se hayan obtenido por el procedimiento descrito, se realizará un nuevo sorteo por parte del secretario del tribunal que tenga encomendada la realización del juicio por jurado a fin de obtener 36 candidatos a jurados para ocuparse de una causa concreta.

Finalmente, el día del juicio se realizará un nuevo y definitivo sorteo entre todos ellos a fin de seleccionar los nueve jurados y otros dos más en calidad de suplentes que formarán parte del tribunal del jurado que tendrá atribuido el conocimiento y fallo de la causa concreta en cuestión.

El procedimiento de las causas que se celebren ante el tribunal del jurado

Al igual que el procedimiento que se sigue para el resto de causas criminales, el que regula el procedimiento en causas ante jurado principia por una fase de instrucción o investigación en la que se llevarán a cabo aquellas diligencias de investigación encaminadas a la verificación de los hechos delictivos y su autoría, al final de la cual el juez dictará una resolución en la que indicará si se decreta la apertura del juicio oral o, por el contrario, se acuerda el sobreseimiento de la causa.

Si se acuerda la apertura del juicio oral, se procederá a señalar un día para que el mismo tenga lugar, previa la calificación de los hechos enjuiciados por parte de todas las partes personadas.

La celebración del juicio oral se desarrollará en el modo regulado por la LECRIM y que ya ha sido examinada en el apartado correspondiente de esta obra. Ello no obstante, existe una serie de especialidades que conviene resaltar:

— el acusado se encontrará situado de forma que sea posible su inmediata comunicación con los defensores;
— el juicio comenzará con un turno de intervenciones de cada una de las partes en el que expondrán al jurado las alegaciones que estimen convenientes a fin de explicar el contenido de sus respectivas calificaciones y la finalidad de la prueba que han propuesto;
— concluida la práctica de la prueba, las partes expondrán sus conclusiones y, al finalizar las mismas, el magistrado y presidente de oficio puede decidir la disolución del jurado si estima que del juicio no resulta la existencia de prueba de cargo que pueda fundar una condena del acusado;
— al final del juicio oral, el magistrado y presidente procederá a someter al jurado por escrito el objeto del veredicto, informándoles que si tras la deliberación no les hubiese sido posible resolver las dudas que tuvieren sobre la prueba, deberán decidir en el sentido más favorable al acusado;
— la deliberación de los miembros del jurado tendrá lugar a puerta cerrada en la sala destinada y acondicionada a tal efecto y será secreta, sin que ninguno de los jurados pueda revelar lo en ella manifestado.

Su votación será nominal y en voz alta, por orden alfabético, votando en último lugar el que hubiere sido designado como portavoz. Los jurados votarán si estiman probados los hechos. Para ser declarados como tales, se requieren siete votos al menos cuando fuese contrarios al acusado, y cinco votos cuando fuesen favorables.

Si se hubiese obtenido la mayoría necesaria en la votación sobre los hechos, se someterá a votación la culpabilidad o inocencia del acusado. Serán necesarios siete votos para establecer la culpabilidad, y cinco votos para establecer la inocencia.

Finalmente, el criterio del jurado sobre la aplicación al declarado culpable de los beneficios de la remisión condicional de la pena, así como sobre la petición de indulto, requerirán el voto favorable de cinco jurados. El veredicto será leído en audiencia pública por el portavoz del jurado.

ANEXO

Modelos de escritos judiciales

En este capítulo final, vamos a reproducir algunos modelos de denuncia, de querella y de acusación, para intentar que los conceptos que hemos ido comentando sean de más fácil comprensión.

Se trata de modelos básicos mediante los cuales el lector podrá hacerse una idea del estilo y la estructura de estos escritos, y que le ayudarán a preparar los suyos propios en el momento en que fuere necesario.

Sin embargo, es preciso tener en cuenta que estos documentos no siempre pueden ser redactados por un particular, sino que según las circunstancias y el objeto del escrito, deberá dejar la labor en manos del abogado que lo represente, quien se encargará de ordenar y enumerar los hechos y presentar cuanta información se considere necesaria. De este modo, mientras que las denuncias puede realizarlas un particular en cualquier comisaría sin que deba mediar para ello ningún letrado, en el caso de los escritos de querella y de acusación tendrá que redactarlos el procurador que se encargue de representar sus intereses ante el tribunal.

Los escritos de denuncia se estructuran principalmente en tres partes diferenciadas:

— *primera parte:* encabezamiento en el cual se indicarán los datos personales del particular y se especificará la petición que desea hacerse;

— *segunda parte (hechos o alegaciones):* en ella se expondrán de manera detallada y ordenada todas las pretensiones que se formulan y se justificará la conveniencia de que las mismas sean atendidas por el juez;

— *tercera parte (súplica):* consiste en un breve resumen en el que se relacionará sintéticamente cuáles son los pedimentos de la parte denunciante y se solicitará se dicte resolución judicial de conformidad a lo solicitado por la misma.

Los escritos de querella y acusación deben aportar más información, por lo que su estructura reviste una mayor complejidad:

— *primera parte:* se indican los nombres del procurador y de sus representados (no hace falta indicar los datos personales de estos últimos, ya que tanto la querella como la acusación parten de un escrito de denuncia, en el que ya se han consignado);

— *segunda parte:* se exponen las alegaciones y se presentan y se enumeran todos los documentos que van a aportarse como pruebas;

— *tercera parte (fundamentos de derecho):* se especificarán, si se considera oportuno, aquellos artículos de las leyes a partir de los cuales la parte base sus pretensiones;

— *cuarta parte (súplica):* al igual que en el escrito de denuncia, se relacionan los pedimentos del demandante y se solicitará que se dicte una resolución acorde a lo alegado.

MODELO DE ESCRITO DE DENUNCIA

AL JUZGADO

Don ..., mayor de edad, domiciliado en ..., provisto del DNI n.º ..., ante el Juzgado comparezco y como mejor en derecho proceda,

DIGO:

Que por medio del presente escrito procedo a formular DENUNCIA contra Don ..., domiciliado en ..., por los hechos que se relatan a continuación.

El pasado día ..., Don ..., vecino del inmueble en el que resido y que desde hace bastante tiempo se dedica a molestar a todos los vecinos sin tener ningún motivo justificado, me abordó bruscamente en el rellano de la escalera y de manera imprevista y sin razón alguna comenzó a proferir insultos y amenazas contra mi persona y mi familia ...

Pongo los anteriores hechos en conocimiento del Juzgado por considerarlos constitutivos de delito.

En ..., a ... de ... de ...

MODELO DE ESCRITO DE DENUNCIA POR ACCIDENTE DE CIRCULACIÓN

Juzgado de instrucción n.º...
Juicio de faltas n.º...

AL JUZGADO

Doña ..., mayor de edad, vecina de ..., con domicilio en ..., provista de DNI n.º ..., ante el Juzgado comparece y como mejor proceda en derecho,

DICE:

Que por medio del presente escrito formula DENUNCIA contra el conductor del ciclomotor marca ..., modelo ..., matrícula ... el día ..., Don ..., mayor de edad, domiciliado en ..., ..., así como contra la compañía aseguradora ... (póliza n.º ...), la cual deberá ser citada como responsable civil directa.

HECHOS

Sobre las 17,30 horas del pasado día 28 de mayo de 1998, cuando estaba cruzando, por el paso habilitado a tal efecto, a la altura del punto kilométrico ... de la Carretera Nacional ... proveniente de la estación de tren hacia la acera de enfrente de la misma, resulté atropellado por el reseñado vehículo ..., matrícula ...

Al cabo de unos instantes de haberse producido el referido atropello, se personó en el lugar en que el mismo ocurrió una dotación de la Guardia Urbana, que levantó el correspondiente atestado, que obra en los autos al principio anotados.

A consecuencia del atropello sufrí un traumatismo craneoencefálico y fui trasladada al Hospital Clínico de ... donde me practicaron una intervención quirúrgica consistente en ... Igualmente estoy siguiendo tratamiento en los servicios de ... del mismo hospital, como consecuencia de las diversas lesiones y secuelas padecidas a resultas del accidente. Se acompaña Informe de Alta e Informes de Asistencia del referido Hospital ... como documentos uno, dos y tres, respectivamente.

Todo lo cual pongo en conocimiento del Juzgado por entender que puede estar subsumido dentro de los tipos delictivos previstos y penados en nuestro vigente Código penal, formulando el presente escrito al objeto de cumplir el requisito de previa denuncia exigido por el artículo 621 del Código penal.

En su virtud,

AL JUZGADO SUPLICO:

Que tenga por presentado el presente escrito y por formulada denuncia, y por ejercitadas las acciones penales y civiles que me asisten contra el conductor del vehículo ..., matrícula ... el día 28 de mayo de 1998 sobre las 17,30 horas, Don ..., cuyos demás datos han sido consignados en el encabezamiento y contra la aseguradora del mismo en concepto de responsable civil directo, a la que se dará la tramitación acorde en derecho.

OTROSÍ DIGO:

Que para mi defensa designo al letrado Don ..., colegiado n.º ..., con domicilio profesional en la calle ... de ...; teléfono ...; que firma la presente en muestra de aceptación y conformidad.

AL JUZGADO SUPLICO:

Tenga por efectuada la anterior designa a los efectos procedentes.

En ..., a ... de ... de ...

MODELO DE ESCRITO DE QUERELLA

AL JUZGADO

Don ..., Procurador de los Tribunales, en nombre y representación de Don ... y Doña ..., cuya representación acredito mediante escritura de poder que debidamente bastanteada y aceptada acompaño para su unión en Autos por copia certificada con devolución de original, comparezco y como mejor en Derecho proceda,

DIGO:

Que por medio del presente escrito y por entender que los hechos que describiré pueden ser constitutivos de un delito continuado de apropiación indebida previsto en el artículo 252 en relación con el 74 y penado en los artículos 249 y 250 todos ellos del Código penal, formulo querella al amparo de lo dispuesto en los artículos 277 y siguientes de la Ley de Enjuiciamiento Criminal sobre la base de los hechos que a continuación se relacionan.

HECHOS

PRIMERO. JUEZ ANTE EL QUE SE PRESENTA

Esta querella se formula ante el Juzgado de Instrucción de ..., competente, habida cuenta que los hechos delictivos se han cometido en esa población.

SEGUNDO. NOMBRE, APELLIDOS Y VECINDAD DE LOS QUERELLANTES

Los querellantes son Don ... con domicilio en ... y Doña ..., con domicilio en ..., mayores de edad y con los domicilios que se indican. Actúan todos en sus respectivos nombre e interés.

TERCERO. NOMBRE, APELLIDOS Y VECINDAD DE LA QUERELLADA

La querellada, sin perjuicio de dirigir las acciones civiles y penales hacia otras personas que a lo largo del proceso puedan aparecer relacionadas con los hechos, es Doña ..., mayor de edad, Administradora de Fincas Colegiada, con domicilio profesional en ...

CUARTO. RELACIÓN CIRCUNSTANCIADA DE LOS HECHOS

HECHOS

Mis mandantes son copropietarios de la finca sita en ..., la administración de la cual fue encargada a Don ..., padre de la hoy querellada. Hacia el año ..., Doña ... sucedió a su padre en el desempeño de las funciones propias de dicha actividad profesional, girando bajo la denominación de «Fincas XXX».

Desde el inicio, mis mandantes comprobaron la falta de atención y de celo que la Señora ... facilitaba a sus asuntos; no obstante, por la amistad que los unía con Don ..., decidieron mantener a su hija como Administradora de la finca en cuestión y con la esperanza que mudara su actitud en un corto espacio de tiempo.

En numerosas ocasiones le fueron exigidas a la Señora ... explicaciones y justificaciones acerca de los importes cobrados como consecuencia de su quehacer profesional en relación con la finca de la calle ... y con las rentas satisfechas por los arrendatarios de las viviendas. No obstante los requerimientos, lejos de cumplimentarlos, la Señora ... los ignoraba.

Dicha incomprensible actitud se remonta a ... y continuó ininterrumpidamente hasta que la Señora ..., a requerimiento expreso de mis mandantes, ha cesado en la administración de la finca mencionada.

CONCRECIÓN DE LOS HECHOS

Concretando los hechos, nos encontramos con los siguientes:

1. Mis mandantes son copropietarios de la finca de la calle ... de la ciudad de ..., cuya administración fue encargada, en su día, a Don ..., a quien sucedió su hija y hoy querellada, Doña ...

2. Doña ..., durante el periodo comprendido entre los años ... y el presente, entre otros muchos incumplimientos profesionales, no ha entregado a mis mandantes los importes correspondientes a las rentas satisfechas por los inquilinos de la finca calendada, haciendo suyas tales cantidades y no presentando un estado de cuentas correspondiente a los ingresos y eventuales gastos mínimamente aceptable.

3. La actitud de la ... ha sido objeto de múltiples recriminaciones verbales por parte de mis mandantes, en especial de Doña ..., así como de los requerimientos escritos que se acompañan.

DOCUMENTOS QUE ACREDITAN LOS HECHOS

1. Copia de las escrituras por las que se justifica la copropiedad de la finca de la calle ... de la ciudad de ..., designando los originales en los Protocolos de los Notarios autorizantes de las mismas.

2. Copia de la carta certificada remitida con acuse de recibo por el Letrado que suscribe y que fue debidamente entregada a su destino, en la que se requería a la Señora ... a rendir cuentas detalladas y documentalmente justificativas de los cobros y del destino dado a las cantidades entregadas en metálico.

3. Copia del Burofax remitido con acuse de recibo por el Letrado que suscribe y que fue debidamente entregada a su destino por la que se requería a la Señora ..., atendida su actitud y en evitación de mayores perjuicios, a cesar como administradora de la finca antes dicha, con reserva expresa de las acciones legales pertinentes.

TIPIFICACIÓN DE LOS HECHOS DELICTIVOS

El artículo 252 del Código penal tipifica el delito de apropiación indebida, estableciendo que:

«Serán castigados con las penas de los artículos 249 o 250, en su caso, los que en perjuicio de otro se apropiaren o distrajeren dinero, efectos, valores o cualquier otra cosa mueble o activo patrimonial que hayan recibido en depósito, comisión o administración, o por otro título que produzca obligación de entregarlos o devolverlos, o negaren haberlos recibido, cuando la cuantía de lo apropiado exceda de 50.000 pesetas. Dicha pena se impondrá en su mitad superior en el caso de depósito necesario o miserable».

El artículo 249 del Código penal, referido al delito de estafa, señala la pena de prisión de seis meses a cuatro años, si la cuantía de lo defraudado excediere de 50.000 pesetas. Establece, asimismo: «Para la fijación de la pena se tendrá en cuenta el importe de lo defraudado, el quebranto económico causado al perjudicado, las relaciones entre este y el defraudador, los medios empleados por este y cuantas otras circunstancias sirvan para valorar la gravedad de la infracción».

Por su parte, el artículo 250.1 del Código penal, referido asimismo al delito de estafa prevé una penalidad agravada (prisión de uno a seis años y multa de seis a doce meses) cuando el delito:

— recaiga sobre cosas de primera necesidad, viviendas u otros bienes de reconocida utilidad social;
— se realice con simulación de pleito o empleo de otro fraude procesal;
— se realice mediante cheque, pagaré, letra de cambio en blanco o negocio cambiario ficticio;
— se perpetre abusando de firma de otro, o sustrayendo, ocultando o inutilizando, en todo o en parte, algún proceso, expediente, protocolo o documento público u oficial de cualquier clase;

— recaiga sobre bienes que integren el patrimonio artístico, histórico, cultural o científico;
— revista especial gravedad, atendiendo al valor de la defraudación, a la entidad del perjuicio y a la situación económica en que deje a la víctima o a su familia;
— se cometa abuso de las relaciones personales existentes entre víctima y defraudador, o aproveche este su credibilidad empresarial o profesional.

Además, el artículo 74 del Código penal se refiere al *delito continuado*, diciendo lo siguiente: «el que, en ejecución de un plan preconcebido o aprovechando idéntica ocasión, realice una pluralidad de acciones u omisiones que ofendan a uno o varios sujetos e infrinjan el mismo precepto penal o preceptos de igual o semejante naturaleza, será castigado, como autor de un delito o falta continuados, con la pena señalada para la infracción más grave, que se impondrá en su mitad superior». Además, continúa diciendo: «si se tratara de infracciones contra el patrimonio, se impondrá la pena teniendo en cuenta el perjuicio total causado» y «en estas infracciones, el juez o tribunal impondrá, motivadamente, la pena superior en uno o dos grados en la extensión que estime conveniente, si el hecho revistiere notoria gravedad y hubiere perjudicado a una generalidad de personas».

Entendemos que con la exposición de los hechos ha quedado acreditada la posible comisión, por parte de Doña ..., de un delito continuado de apropiación indebida, que pasamos a detallar.

La reiterada doctrina del Tribunal Supremo establece que la apropiación indebida está integrada por un «tipo objetivo» y un «tipo subjetivo».

TIPO OBJETIVO

1.º Debe existir un acto de disponer de cosas ajenas como si fueran propias, «transmutando la posesión lícita originaria en una propiedad ilícita o antijurídica» (según la sentencia del Tribunal Supremo de 28 de febrero de 1975). No basta en dar un «mal uso de la cosa poseída», sino que es preciso un verdadero acto de apropiación.

2.º El objeto material ha de ser una *cosa mueble ajena*, especificándose que se puede tratar asimismo de dinero. Dicho dinero (las rentas satisfechas por los arrendatarios) fue recibido por un título que produce *obligación de entregarlo o devolverlo*, como es el actuar como Administrador de Fincas.

En el presente caso, es evidente que la Señora ... poseía, originariamente, de forma lícita las cantidades entregadas por los inquilinos en concepto de pago de las rentas, pero, al no hacer entrega de las mismas a los propietarios, cometió una apropiación indebida.

TIPO SUBJETIVO

Se exige un ánimo de lucro referido a la intención de apropiarse de la cosa (del dinero, en este caso): es el llamado *animus rem sibi habendi*. En todo caso se exige dolo y, téngase en cuenta, el ánimo de devolución posterior a la apropiación no excluye el dolo.

La querellada no podía perseguir otra finalidad, al no dar al dinero cobrado en concepto de rentas el destino que le sería propio, que de lucrarse en perjuicio de mis mandantes. Además, en ningún caso ha existido, por parte de la Señora ..., el menor atisbo de remediar la conducta presuntamente delictiva.

En cuanto a las circunstancias agravantes que se dan en este caso son las recogidas en el artículo 250.1 del Código penal, ya que el presunto delito se refiere a cosas de primera necesidad, viviendas u otros bienes de reconocida utilidad social y, además, se ha cometido abuso de las relaciones personales existentes entre víctimas y defraudador, con aprovechamiento de su credibilidad empresarial o profesional.

QUINTO. DILIGENCIAS QUE SE INTERESAN

Por el momento, y sin perjuicio de solicitar nuevas diligencias con posterioridad, interesamos la práctica de las siguientes:

1.ª Interrogatorio de la querellada Doña ..., con intervención de esta parte.

2.ª Documental mediante la admisión de los documentos que se citan en el cuerpo del presente escrito y que al mismo se adjuntan.

Por todo ello y ejercitando en nombre de mis poderdantes la acción penal y la civil inherente a ella que a la misma les corresponde como perjudicados en el expresado delito, respetuosamente

AL JUZGADO SUPLICO:

Que teniendo por presentado este escrito, con los documentos y poderes que lo acompañan, se sirva admitirlos, tenga por formulada la querella contra Doña ..., la admita y ordene se me tenga por comparecido y parte en nombre de mis representados entendiéndose conmigo las sucesivas actuaciones como parte acusadora, declarar pertinentes y acordar la práctica de las diligencias de prueba solicitadas y por su resultado, decretar el procesamiento de la querellada, le sea exigida y mande que preste fianza en cantidad suficiente para garantizar el pago de las responsabilidades civiles y perjuicios causados que de la causa se deriven, y se tomen las medidas cautelares procedentes sobre la situación personal y los bienes de la querellada, para su aseguramiento.

Es Justicia que respetuosamente solicito en ..., a ...

Ldo. ...   Don ...
Col. ...   Procurador de los Tribunales

MODELO DE ESCRITO DE ACUSACIÓN

Juzgado de Instrucción n.º ...
Diligencias Previas ...

AL JUZGADO DE INSTRUCCIÓN N.º ...

Don ..., Procurador de los Tribunales y de Don ... y Doña ..., según tengo ya acreditado en las Diligencias Previas al margen referenciadas, ante el Juzgado respetuosamente comparezco y, como mejor en Derecho proceda, digo:

Que en fecha ... del año en curso me ha sido conferido traslado de la causa a los efectos de formular, en calidad de acusación particular, el correspondiente ESCRITO DE ACUSACIÓN, el cual paso a deducir al amparo de lo regulado en el artículo 790 de la Ley de Enjuiciamiento Criminal según las siguientes

CONCLUSIONES PROVISIONALES

PRIMERA. La acusada, Doña ..., Administradora de Fincas, quien gira profesionalmente bajo la denominación de «Fincas XXX», asumió en el año ... la administración del inmueble sito en esta ciudad, calle ... propiedad de mis mandantes como ha quedado perfectamente acreditado.

Durante el periodo de tiempo comprendido entre ... y ... (cuando fue relevada de sus funciones), la acusada distrajo paulatinamente, guiada por la finalidad de perjudicar a los querellantes y de detraer cantidades que legítimamente correspondían a estos, hizo suyas indebidamente, diversas cantidades monetarias entregadas directamente por los propietarios de la finca en cuestión o por los inquilinos ocupantes de la misma.

La actuación de la acusada supuso para los acusadores un perjuicio de ... pesetas, diferencia entre, de una parte, la suma de los conceptos *cobro de alquileres* (... pesetas), *provisiones de fondos para gastos* (... pesetas) e *IBIs pendientes* (... pesetas), que suman en total ... pesetas; y, de otra parte, la *suma de gastos justificados* (... pesetas) y *honorarios de administración* (... pesetas), que ascienden a un total de ... pesetas.

SEGUNDA. Los hechos descritos son constitutivos de un delito continuado de apropiación indebida que está previsto y penado en el artículo 252 del Código penal en relación con los artículos 74 y 249 del mismo cuerpo legal.

TERCERA. Es responsable en concepto de autora la acusada (artículo 28 del Código penal).

CUARTA. Concurre la circunstancia agravante de reincidencia del n.º 8 del artículo 22 del Código penal.

QUINTA. Procede imponer a la acusada la pena de TRES AÑOS Y DOS MESES DE PRISIÓN, inhabilitación especial para el derecho de sufragio pasivo durante igual tiempo, condenándola expresamente al abono de las costas.

RESPONSABILIDAD CIVIL. En tal concepto, la acusada deberá indemnizar solidariamente a mis mandantes en la cantidad de ... pesetas, con aplicación del artículo 921 de la Ley de Enjuiciamiento Civil en cuanto a intereses.

En su virtud,

AL JUZGADO SUPLICO:

Tenga por presentado el presente escrito, lo admita y, en sus méritos, por formulado en nombre e interés de Don ... y Doña ..., en su calidad de acusación particular, escrito de acusación contra la acusada en el presente procedimiento, Doña ..., y por devueltos los autos originales, procediendo a la apertura del correspondiente Juicio Oral.

OTROSÍ DIGO:

Que para el acto del Juicio Oral esta acusación particular interesa la práctica de los siguientes MEDIOS DE PRUEBA:

1.º Interrogatorio de la acusada, Doña ...

2.º Testifical de los siguientes testigos: Don ... y Doña ..., de cuya comparecencia se cuidará esta parte.

3.º Pericial, por interrogatorio del Perito Don ..., domiciliado en..., en relación con el informe y su anexo incorporado a las presentes actuaciones, a los folios 131 al 135, ambos inclusive.

4.º Documental, por lectura de los folios 4 a 38 (ambos inclusive), 51 a 62 (ambos inclusive), 92 a 97 (ambos inclusive), 101, 105 a 108 (ambos inclusive), 131 a 161 (ambos inclusive), 177, 178, 185 a 192 (ambos inclusive) y 198 a 200 (ambos inclusive) de las actuaciones, la cual deberá practicarse en las sesiones de Juicio Oral por medio de su íntegra lectura, salvo que la defensa de la acusada renuncie a ella expresamente por entenderse informada de su contenido, de lo cual deberá tomarse oportuna nota en el acta y todo ello sin perjuicio de la obligación que el artículo 726 de la Ley de Enjuiciamiento Criminal impone al órgano judicial.

Es Justicia que respetuosamente solicito en ..., a ...

Ldo. ...   Don ...
Col. ...   Procurador de los Tribunales

MODELO DE ESCRITO DE ACUSACIÓN

Juzgado de lo penal n.º ...
Procedimiento abreviado n.º ...

AL JUZGADO

Don ..., Procurador de los Tribunales y de Don ..., según tengo acreditado en el procedimiento al margen anotado, ante el Juzgado respetuosamente comparezco y como mejor proceda en derecho,

DIGO:

Que en fecha ... me ha sido notificada la Sentencia dictada en la presente causa y, no considerándola ajustada a Derecho, dicho sea con los debidos respetos y en términos de defensa, interpongo contra la misma RECURSO DE APELACIÓN que fundamento, al amparo de lo dispuesto en el artículo 795.2 de la LECRIM, en INFRACCIÓN DE PRECEPTO LEGAL, basándose en las siguientes

ALEGACIONES

ÚNICA. INFRACCIÓN DE PRECEPTO LEGAL

Aceptando el relato de hechos probados fijado en la Sentencia impugnada, esta parte disiente, respetuosamente, de la calificación de los mismos efectuada en la misma como constitutivos de un delito de robo con violencia previsto y penado en los artículos 237 y 242.1 del Código penal.

Se trata, en suma, de una acción ejecutada por medio de la habilidad, consistente en provocar el contacto corporal con la víctima a fin de aprovecharlo para privarle de sus bienes, sin que para ello medie ningún género de fuerza o violencia que tenga por objeto ni vencer la posible resistencia física opuesta por la víctima para evitar ser privada de sus bienes (por ejemplo un *tirón*) ni doblegar su voluntad resistente a ser desposeída de sus pertenencias mediante actos de violencia (por ejemplo golpear a una persona y amenazarla con seguir haciéndolo si no entrega sus bienes al agresor).

Según manifestó la víctima, en la declaración prestada en sede judicial en la fase de instrucción, la acción llevada a cabo por mi patrocinado consistió en *interponerse en su camino no dejándole paso hacia la calle* (SIC), el cual aprovechó dicha circunstancia para llevar a cabo una sustracción basada eminentemente en la HABILIDAD, sin empleo de fuerza o violencia de clase alguna.

Por lo expuesto, no podemos compartir el criterio sostenido en el Fundamento Jurídico Segundo de la Sentencia recurrida, por cuanto ni puede llegar a considerarse *acción de fuerza* típica la actividad desplegada por mi patrocinado ni, en su caso, la misma tuvo por objeto *vencer su resistencia natural a la desposesión*, según ha quedado expuesto.

Por todo ello, estimamos que la calificación jurídico-penalmente correcta de los hechos enjuiciados sería la de hurto, en los términos contenidos en el artículo 234 del Código penal, si bien su conceptuación como delito o falta depende de la valoración que se haga respecto de la prueba que obre en autos en relación con la cantidad que fue objeto de la sustracción.

A tal efecto, únicamente constan las declaraciones efectuadas por la víctima, sin que aparezca ningún documento que las avale (cartilla de ahorros, certificado de le entidad financiera, etc.), entendiendo que correspondía a la acusación haber probado la realidad de dichas manifestaciones, máxime teniendo en cuenta que la prueba sobre las mismas no revestía especial complejidad y que el director de la sucursal de ... en la que sucedieron los hechos compareció en el plenario como testigo llamado por el Ministerio Fiscal.

Por dicha razón, y ante la falta de constancia fehaciente en relación con la cantidad que fue objeto de apoderamiento, los hechos enjuiciados deberían calificarse como constitutivos de una falta de hurto, en el modo articulado como conclusión alternativa en nuestro escrito de conclusiones provisionales elevadas a definitivas.

En virtud de cuanto se ha expuesto y del principio *iura novit curia*,

AL JUZGADO SUPLICO:

Tenga por presentado este escrito, lo admita y, en méritos de su contenido, por interpuesto recurso de apelación, en tiempo y forma, en nombre e interés de mi mandante Don ... contra la Sentencia dictada en la presente causa, solicitando que, tras los trámites procesales oportunos, se eleven y remitan las actuaciones a la Sala competente de la Ilma. Audiencia Provincial de ... para su resolución.

1.º OTROSÍ DIGO Y AL JUZGADO SUPLICO:

Que en relación con lo preceptuado por el artículo 795.2 LECRIM, tenga por designado como domicilio para notificaciones el propio del suscrito causídico en el Colegio de Procuradores en la sede de la Audiencia Provincial de ...

2.º OTROSÍ DIGO Y A LA SALA SUPLICO:

Dicte una Sentencia por la que, anulando la dictada por el Juzgado de lo Penal n.º ... de ... en las presentes actuaciones, dicte otra en su lugar por la que, sobre la base de las razones desarrolladas en el cuerpo del presente escrito, se califiquen los hechos enjuiciados como constitutivos de una falta de hurto del artículo 623.1 del Código penal imponiendo en consecuencia a mi mandante la penalidad fijada en nuestro escrito de conclusiones provisionales elevadas a definitivas.

Es Justicia que respetuosamente solicito en ..., a ...

Ldo. ...   Don ...
Col. ...   Procurador de los Tribunales

Glosario

Allanamiento de morada. Delito consistente en introducirse en una vivienda ajena o permanecer en su interior sin el permiso del dueño.

Asesinato. Matar a una persona mediando alevosía, precio, recompensa, promesa o ensañamiento.

Calumnia. Delito contra el honor que consiste en imputar a alguien la comisión de un delito, a sabiendas de que no es cierto.

Cohecho. Solicitar o recibir, un funcionario público, una dádiva o presente para realizar, en virtud de su cargo, una acción delictiva.

Cómplice. Persona que coopera en un hecho delictivo.

Denuncia. Una de las formas de iniciar un procedimiento penal que consisten en poner en conocimiento de la autoridad la comisión de hechos que pudieran ser constituvos de delito.

Dolo. Mala intención o mala fe.

Ensañamiento. Aumento deliberado del dolor del ofendido.

Estafa. Delito en que, mediando engaño, una persona hace una disposición patrimonial que de otra forma no hubiese llevado a cabo.

Extorsión. Obligar a una persona, con violencia o intimidación, a realizar u omitir un acto jurídico para obtener un beneficio económico.

Falta. Conducta que la sociedad reputa menos grave que los delitos, pese a que se enumeran (o tipifican) en el Código penal.

Homicidio. Delito grave que consiste en quitar violentamente la vida a una persona.

Hurto. Delito consistente en sustraer una cosa sin usar violencia o intimidación.

Imprudencia. Actuación negligente o descuidada. No supone una intención de causar un perjuicio, sino una escasa diligencia en evitar que este pueda ser causado.

Injuria. Delito contra el honor que consiste en lesionar la dignidad de otra persona menoscabando su fama o atentando contra su propia estimación.

Juez. Persona que imparte justicia y trata aquellas materias sobre las que tiene otorgada jurisdicción y competencia en un territorio.

Jurado. Órgano formado por ciudadanos elegidos mediante sorteo a los que se encarga emitir un veredicto en el ámbito de la resolución judicial de determinados delitos.

Legítima defensa. Causa eximente de la responsabilidad criminal que consiste en obrar en defensa de la persona o los derechos propios o ajenos cuando ha existido una previa agresión ilegítima.

Querella. Escrito que se presenta ante el juez mediante un procurador y en el que se pone en conocimiento la comisión de hechos que pudieran ser constitutivos de delito.

Robo. Apropiación de una cosa ajena utilizando fuerza o violencia.

Índice analítico

www.ingramcontent.com/pod-product-compliance
Lightning Source LLC
Chambersburg PA
CBHW072141090426
42739CB00013B/3250